【权威解读】

# 中华人民共和国民事诉讼法修改决定释义

主编

黄 薇

(全国人大常委会法制工作委员会民法室主任)

中国法制出版社
CHINA LEGAL PUBLISHING HOUSE

# 前　言

2023年9月1日，十四届全国人大常委会第五次会议通过了《全国人民代表大会常务委员会关于修改〈中华人民共和国民事诉讼法〉的决定》（以下简称"修改决定"），自2024年1月1日起施行。本次《民事诉讼法》修改，贯彻落实党中央关于统筹推进国内法治和涉外法治、加强涉外法治建设的决策部署，重点对涉外民事诉讼程序制度进行了完善，同时针对社会普遍关注、司法实践集中反映、各方能够形成高度共识的民事诉讼领域其他问题也进行了修改完善。

为深入学习、广泛宣传、切实实施好修改决定及修改后的《民事诉讼法》，全国人大常委会法制工作委员会参与法律修改工作的有关同志共同编写了《中华人民共和国民事诉讼法修改决定释义》一书，对修改决定的每一条文逐条释义，力求全面、准确、深入地阐释修改决定的条文内涵，并对理解适用过程中需要重点注意的问题作出提示说明，为读者深入理解、准确把握修改决定的主要精神和内容提供帮助。本书由全国人大常委会法制工作委员会民法室主任黄薇担任主编，参加本书编写的还有杜涛、段京连、马正平、孙娜娜、李恩正、朱书龙、宋江涛、孙艺超、马吾叶·托列甫别尔干、罗鑫煌、魏超杰、谢旻遐、袁晓磊、梁浩翔等同志。此外，本书还附录了对照表及相关法律文件。

由于水平所限，书中难免有不足之处，恳请读者批评指正。希望本书的出版，能够对大家学习理解修改决定有所帮助。

编　者

2023 年 10 月

# 目　　录

一、【修改"人民陪审员"等表述】 …………………… 1
　　（第四十条）

二、【扩大回避制度的适用主体范围】 ………………… 7
　　（第四十七条第四款）

三、【完善对虚假诉讼的惩处】 ………………………… 12
　　（第一百一十五条）

四、【完善应诉管辖的规定】 …………………………… 19
　　（第一百三十条第二款）

五、【完善开庭审理时应作事项的规定】 ……………… 21
　　（第一百四十条第二款）

六、【增加"指定遗产管理人案件"为适用特别程序
　　案件】 ………………………………………………… 24
　　（第一百八十四条）

七、【新增"指定遗产管理人案件"的规定】 ………… 26
　　（第十五章第四节）

八、【完善对涉外民事诉讼案件行使特殊地域管辖的
　　规定】 ………………………………………………… 49
　　（第二百七十六条）

1

九、【增加涉外协议管辖的规定】················54
　　　（第二百七十七条）

十、【增加涉外应诉管辖的规定】················59
　　　（第二百七十八条）

十一、【扩大涉外专属管辖的案件范围】············61
　　　（第二百七十九条）

十二、【增加平行诉讼的一般规定】···············65
　　　（第二百八十条）

十三、【增加平行诉讼处理措施的规定】············67
　　　（第二百八十一条）

十四、【增加不方便法院原则的规定】·············70
　　　（第二百八十二条）

十五、【章名中增加"调查取证"】···············73
　　　（第二十五章）

十六、【完善涉外送达方式】···················74
　　　（第二百八十三条）

十七、【增加域外调查取证的规定】···············82
　　　（第二百八十四条）

十八、【修改当事人请求执行的仲裁裁决的内容】········87
　　　（第二百九十七条第二款）

十九、【简化人民法院等表述】·················90
　　　（第二百九十八条）

二十、【完善对外国法院生效判决、裁定执行的制度】······93
　　　（第二百九十九条）

2

二十一、【增加对外国法院生效判决、裁定不予承认和
执行的规定】………………………………… 95
（第三百条）

二十二、【增加人民法院认定外国法院对案件无管辖权
的规定】……………………………………… 101
（第三百零一条）

二十三、【增加人民法院受理承认和执行外国生效裁判
所涉纠纷与正在审理的纠纷属同一纠纷时如何
处理的规定】………………………………… 105
（第三百零二条）

二十四、【增加承认和执行或者不予承认和执行外国法
院作出的发生法律效力的判决、裁定的救济的
规定】………………………………………… 109
（第三百零三条）

二十五、【修改我国法院对在中华人民共和国领域外作
出的生效仲裁裁决承认与执行的规定】…… 111
（第三百零四条）

二十六、【增加涉及外国国家的民事诉讼如何适用法律
的规定】……………………………………… 115
（第三百零五条）

## 附　录

中华人民共和国主席令（第十一号）…………… 119
全国人民代表大会常务委员会关于修改《中华人民
　共和国民事诉讼法》的决定 …………………… 120
　（2023年9月1日）

关于《中华人民共和国民事诉讼法（修正草案）》
　　的说明 ………………………………………… 129
　　（2022 年 12 月 27 日）
全国人民代表大会宪法和法律委员会关于《中华人民
　　共和国民事诉讼法（修正草案）》审议结果的报告 …… 137
　　（2023 年 8 月 28 日）
全国人民代表大会宪法和法律委员会关于《全国人民
　　代表大会常务委员会关于修改〈中华人民共和国民
　　事诉讼法〉的决定（草案）》修改意见的报告 ………… 143
　　（2023 年 8 月 31 日）
民事诉讼法条文新旧对照表 ………………………… 145

# 全国人民代表大会常务委员会
# 关于修改《中华人民共和国
# 民事诉讼法》的决定

(2023年9月1日第十四届全国人民代表大会常务委员会第五次会议通过)

第十四届全国人民代表大会常务委员会第五次会议决定对《中华人民共和国民事诉讼法》作如下修改：

一、将第四十条修改为："人民法院审理第一审民事案件，由审判员、人民陪审员共同组成合议庭或者由审判员组成合议庭。合议庭的成员人数，必须是单数。

"适用简易程序审理的民事案件，由审判员一人独任审理。基层人民法院审理的基本事实清楚、权利义务关系明确的第一审民事案件，可以由审判员一人适用普通程序独任审理。

"人民陪审员在参加审判活动时，除法律另有规定外，与审判员有同等的权利义务。"

◼ 释　义

本条是关于人民法院审理第一审民事案件的审判组织和人

民陪审员权利的规定。

本次修改《民事诉讼法》，对本条仅作了部分文字修改：一是将条文中的"陪审员"修改为"人民陪审员"，以与《人民陪审员法》的表述相一致；二是将第三款中的"执行陪审职务"修改为"参加审判活动"，同时增加了"除法律另有规定外"的表述。

### （一）民事审判组织

根据修改后的《民事诉讼法》第六条第一款的规定，民事案件的审判权由人民法院行使。人民法院行使审判权需要通过一定的组织形式来实施，行使人民法院审判权的组织就是审判组织。审判组织是审理、裁判案件的具体组织形式，人民法院通过具体的审判组织审理每一个案件的方式行使审判权。审判组织在诉讼中具有重要作用，它在诉讼中的任务是保护当事人行使诉讼权利、履行诉讼义务，查明案件事实，分清是非，正确适用法律，所以《民事诉讼法》如何规定审理民事案件的组织，对于充分发挥审判工作中的民主，保证案件能够得到公正、及时的处理是至关重要的。根据《人民法院组织法》的规定，人民法院的审判组织包括合议制、独任制、赔偿委员会、审判委员会。本条规定的民事案件第一审的审判组织，即合议制和独任制两种。

1. 合议制

所谓合议制，就是由三名以上审判人员（法官、人民陪审员）组成审判庭，对案件行使人民法院的审判权，依法作出裁判的制度。合议庭是实现集体审判制度的一种组织形式。合议制作为一种集体审判案件制度，能够发挥集体智慧，克服法官个人认知的片面性和知识的局限性,防止个人独断,有利于提高案件审判质量,更好地实现司法公正。根据法律规定,不同审级合议庭的组成人员存在差别。

本条第一款规定,由审判员、人民陪审员共同组成合议庭或者由审判员组成合议庭,合议庭的成员人数必须是单数。根据此规定,人民法院审理第一审民事案件既可以由审判员、人民陪审员组成合议庭,也可以由审判员组成合议庭。因此,一审民事案件合议庭的组成形式有两种:一是单纯由审判员组成合议庭,即合议庭的组成人员全部为审判员,不吸收人民陪审员;二是由审判员和人民陪审员共同组成合议庭。究竟哪些案件由人民陪审员参加的合议庭审理,哪些案件由审判员组成的合议庭审理,《民事诉讼法》未作限制性规定,《人民陪审员法》对此有相关规定。根据《人民陪审员法》第十五条,人民法院审判第一审刑事、民事、行政案件,有下列情形之一的,由人民陪审员和法官组成合议庭进行:(1)涉及群体利益、公共利益的;(2)人民群众广泛关注或者其他社会影响较大的;(3)案情复杂或者有其他情形,需要由人民陪审员参加审判的。人民法院审判前款规定的案件,法律规定由法官独任审理或者由法官组成合议庭审理的,从其规定。请人民陪审员参加上述案件的审理,对于准确认定案件事实、正确适用法律,说服和教育当事人具有重要意义。对于审判员与人民陪审员在合议庭中的人数比例,本条未作明确规定,人民法院可以根据实际需要确定,但需要注意的是,合议庭的人数必须是三人以上的单数。

2. 独任制

所谓独任制,是指由审判员一人对具体案件进行审理和裁判的制度。人民法院审理民事案件应以合议制为原则，但对简单的案件可以适用独任制。在案情简单且可以保障案件审判质量的前提下，独任制可以方便当事人诉讼，便于人民法院审判和及时审结案件。独任制在民事诉讼程序中的适用范围，经历过一个变化过程。2021年之前，《民事诉讼法》严格限制独任制的适用范围，规定独任制仅适用于两种情况：第一种是基层人民法院和它派出的法庭适用简易程序审理的案件，即事实清楚、权利义务关系明确、争议不大的一审民事案件；第二种是人民法院依据特别程序审理的非诉案件，但选民资格案件和重大疑难案件除外。2021年修改《民事诉讼法》时，人民法院在总结繁简分流试点改革经验的基础上，建议扩大独任制适用范围。2021年修改后的《民事诉讼法》增加规定，即符合法定条件的一审普通程序和二审程序也可以适用独任制，同时也对不适用独任制的情形作了明确规定。

本条第二款规定了一审民事案件适用独任制的范围，包括两类：一是，适用简易程序审理的民事案件。根据本款规定，所有适用简易程序审理的案件，都应当采取独任制的审判组织形式，即由审判员一人审理。根据修改后的《民事诉讼法》第一百六十条的规定，适用简易程序的案件包括两种：第一种是基层人民法院和它派出的法庭审理事实清楚、权利义务关系明确、争议不大的简单的民事案件；第二种是基层人民法院和它派出的法庭审理前款规定以外的民事案件，当事人双方也可以约定适用简易程序。二是，基层人民法院审理的基本事实清楚、权利义务关系明确的第一审民事案件，可以由审判员一人适用普通程序独任审理。此类案件是2021年修改《民事诉讼法》时扩大的独任制适用范围,即普通程序独任制。根据本款的规定,普通程序独任制适用的前提是案件基本事实清楚、权利义务关系明确。首先,"基本事实清楚"是指案件的关键事实总体清楚,需要进一步查明案件的部分事实或者其他关联事实。但查明这些事实需要经过补充举证质证、评估、鉴定、审计、调查取证等程序和环节,在简易程序的审限内难以完成。其次,"权利义务关系明确"是指案件法律关系清晰,诉争的法律关系性质确定,需要适用的法律条文明确,当事人对法律条文的解释和适用也没有争议。只有案件同时满足这两方面条件,才能够适用普通程序独任制,不能扩大普通程序独任制的适用范围。

根据本条第二款的规定,简易程序可以适用独任制,普通程序也可以适用独任制。这两者的区别在于:首先,适用的案件不同。简易程序适用于"事实清楚、权利义务关系明确、争议不大"的简单案件,而普通程序独任制适用于"基本事实清楚、权利义务关系明确"的案件。因此,简易程序独任制和普通程序独任制适用于"权利义务关系明确"的案件,区别在于,简易程序适用于"事实清楚"的案件,而普通程序独任制适用于"基本事实清楚"的案件。如何判断案件是适用简易程序还是适用普通程序独任制,可以综合考量案件事实的清晰程度、事实查证的难度、当事人之间争议大小、案件审理难度等因素。其次,适用的诉讼程序不同。根据《民事诉讼法》的规定,适用简易程序审理的案件,可以用简便方式传唤当事人、送达诉讼文书、审理案件,程序更为便捷。普通程序独任制,仅仅是审判组织形式为独任制,在诉讼程序上,仍需要按照普

5

通程序审理，必须确保审理前准备、开庭审理、判决和裁定等程序环节的规范性和完整性，不得擅自简化审理程序，改变法定答辩期、举证期、审限等期限，也不得简化法庭调查、法庭辩论等环节，不得擅自改变普通程序的诉讼收费标准等。

## （二）人民陪审员的权利和义务

人民陪审员制度可以保障公民依法参加审判活动，也是人民群众对人民法院的审判工作进行监督的有效渠道，有助于促进司法公正、提升司法公信力。根据本条第一款的规定，人民陪审员可以参与适用普通程序的案件的审理。根据本条第二款的规定，人民陪审员在参加审判活动时，除法律另有规定外，与审判员有同等的权利义务。因此，在由人民陪审员和审判员共同组成的合议庭中，人民陪审员作为合议庭的组成人员在整个审判过程中与审判员具有同等权利和义务，除非法律另有规定。比如，根据《人民陪审员法》第二十二条，人民陪审员参加七人合议庭审判案件，对事实认定，独立发表意见，并与法官共同表决；对法律适用，可以发表意见，但不参加表决。在这种情形下，人民陪审员与审判员的权利就不完全等同。此外，人民陪审员还必须履行法律规定的义务。比如，修改后的《民事诉讼法》第四十六条规定，审判人员应当依法秉公办案，不得接受当事人及其诉讼代理人请客送礼。又比如，《人民陪审员法》第三条第二款规定，人民陪审员应当忠实履行审判职责，保守审判秘密，注重司法礼仪，维护司法形象。人民陪审员必须遵守这些法律规定。

二、将第四十七条第四款修改为:"前三款规定,适用于法官助理、书记员、司法技术人员、翻译人员、鉴定人、勘验人。"

### 释 义

本条是关于回避制度适用主体范围的规定。

本次修改《民事诉讼法》,扩大了回避制度适用主体的范围,在第四十七条第四款明确增加规定,回避制度适用于法官助理、司法技术人员。

回避制度,是指在民事诉讼中,审判人员和其他可能影响案件公正审理的有关人员,在遇到法定情形时,经一定程序退出对本案审理的制度。《民事诉讼法》规定回避制度,根本目的就是确保程序正义,保证审理程序的公正性:一方面,能够避开可能不公正审理的嫌疑,使案件审理顺利进行;另一方面,能够避免审判人员或者有关人员利用权力弄虚作假,徇私舞弊,作出不公正的裁决。各国民事诉讼法一般都会规定回避制度。如德国《民事诉讼法》就规定,法官应当回避的情形包括本人是案件当事人或与案件当事人为共同权利人、共同义务人或追偿义务人,配偶(即便已离婚)为案件当事人,本人曾经为当事人的代理人,本人曾经在案件中作为证人或者鉴定人,等等。

根据《民事诉讼法》第四十七条第一款的规定,审判人员有以下三种情形之一的,应当自行回避,当事人也有权申请审判人员回避,分别是:

1. 审判人员为本案当事人或者当事人、诉讼代理人的近亲属。这种情形包括三种具体情形：第一种，审判人员是本案的当事人，即审判人员是本案的原告、被告、共同原告或者被告、第三人。审判人员是所承办案件的当事人，与案件争议的权利义务有直接的利害关系，审判人员会因为自己的利益难以公正审理案件，当然不应当参与案件的审理。第二种，审判人员是本案当事人的近亲属，即承办案件的审判人员是原告、被告或者第三人的近亲属。第三种，审判人员是诉讼代理人的近亲属，比如审判人员是原告诉讼代理人的近亲属，或者是被告诉讼代理人的近亲属，或者是第三人的诉讼代理人的近亲属。在审判人员是承办案件当事人、诉讼代理人的近亲属的情况下，因为审判人员作为近亲属，很有可能偏袒其近亲属，也难以公正审理案件，故应当退出案件的审理。关于近亲属的范围，《民法典》第一千零四十五条有明确规定，近亲属包括配偶、父母、子女、兄弟姐妹、祖父母、外祖父母、孙子女、外孙子女。

2. 审判人员与本案有利害关系。所谓有利害关系，是指案件的处理结果会影响本案审判人员法律上的利益，或者审判人员与本案存在程序上或者职务上的利害关系。例如，A 起诉 B，要求 B 还钱，而 A 又曾借钱给承办此案的 C，且 C 迟迟未还。若此案由 C 审理，C 就有可能不顾事实和法律，作出对 A 有利的判决，从而达到个人的目的。因此，为了审判活动的公正进行，与本案有利害关系的 C 就应当自行回避，当事人也有权申请其回避。又如，审判人员本人或者其近亲属持有本案非上市公司当事人的股份或者股权，此时，虽然审判人员并非本案的当事人，但案件的审理结果将影响其作为股东的权益，故应当回避。再如，审判人员担任过本案的证人、鉴定人、辩护人、诉讼代理人、翻译人员，在这种情况下，审判人员已经在程序上与本案存在利害关系，会影响案件的公正审理，破坏程序公正乃至实体正义，也不宜继续参与案件的审理。

3. 审判人员与本案当事人、诉讼代理人有其他关系，可能影响对案件的公正审理。所谓其他关系是指除前两种情形之外的其他关系，且这种关系足以影响审判人员对案件的公正审理。通常来说，比如审判人员与本案当事人、诉讼代理人是关系密切的朋友、同学、师生、战友、曾经的同事，或者曾经与当事人、诉讼代理人有私人恩怨等。在这些关系当中，虽然审判人员与当事人或者诉讼代理人并非近亲属，也不存在经济上、法律上的直接利害关系，但审判人员也是常人，难免有亲疏远近的情感，容易产生倾向性，可能难以秉公审理案件，因此，也应当主动自行回避。当然，如果审判人员虽然与当事人或者诉讼代理人存在其他关系，但这些关系对公正审理并不会造成任何影响，则没有回避的必要。

根据第四十七条第二款的规定，如果审判人员存在以下情形之一的，当事人有权要求他们回避：

1. 审判人员接受当事人、诉讼代理人请客送礼。"请客送礼"是一种通俗的说法，不论当事人、诉讼代理人是通过什么方式请审判人员参加宴请或者向审判人员赠送礼品，且不论宴请地点的档次、礼品价值的高低，都属于法律禁止的行为。根据有关司法解释，"请客送礼"的常见类型有：接受本案当事人及其诉讼代理人宴请，或者参加由其支付费用的娱乐、健身、旅游等活动；索取、接受本案当事人及其诉讼代理人财物或者其他利益的（比如在购买商品、装修住房时给予优惠）；向本案当事人及其诉讼代理人借款，借用交通工具、通讯工具或者其他物品；等等。审判人员如果接受当事人或者诉讼代理人的请客送礼，不仅有损审判职务的廉洁性，且容易产生情感上的倾向性，难以保证公平审理案件。

2. 审判人员违反规定会见当事人、诉讼代理人。审判人员在审理案件过程中，为查明案件事实，了解案情，必然需要会见当事人、诉讼代理人，但审判人员会见当事人或者当事人的诉讼代理人，需要遵守有关规定。最高人民法院在很多规范性文件中，都对规范审判人员会见当事人、诉讼代理人提出了要求。比如审判人员不得私自单独会见本案当事人、诉讼代理人，不得为本案当事人推荐、介绍诉讼代理人，或者为律师、其他人员介绍代理本案的，等等。审判人员单独私自会见一方当事人，即便没有私下收受当事人的礼品，但由于其单独会见一方当事人，仅听取一方的陈述或者意见，而未给对方当事人同等的机会提出意见或者作出抗辩，只听一面之词，难免会偏听偏信，不利于居中公正审理案件，因此，对方当事人有权申请回避。

需要注意的是，根据第四十七条第三款的规定，审判人员有第二款规定的情形之一的，除当事人有权要求其回避之外，对于有此类行为的审判人员，还应当依法追究其法律责任。原因在于，审判人员的此类行为，不仅妨害了司法公正，还有损审判人员的廉洁性，甚至构成犯罪。根据《法官法》及相关司法解释，法官存在接受当事人、诉讼代理人的请客送礼，违反规定会见当事人、诉讼代理人的，应当视情况给予警告至记大过处分，予以辞退或者给予降级以上处分，构成犯罪的，依法追究刑事责任。

第四十七条前三款规定回避的主体范围是审判人员,而根据第四款的规定,回避制度同样适用于法官助理、书记员、司法技术人员、翻译人员、鉴定人、勘验人。对此,需要从三个方面理解:

首先,审判人员既包括审判员,也包括人民陪审员。根据司法解释的相关规定,审判人员包括参与案件审理的人民法院院长、副院长、审判委员会委员、庭长、副庭长、审判员和人民陪审员。《法官法》《人民陪审员法》分别对法官和人民陪审员的回避作了规定,法官和人民陪审员在审理案件过程中都是行使审判权的主体,如果他们在审理案件过程中存在应当回避的情形而未回避,势必影响案件的公正审判。

其次,回避的主体除审判员和人民陪审员外,还包括法官助理、书记员、司法技术人员、翻译人员、鉴定人、勘验人。法官助理作为审判辅助人员,其职责包括审查诉讼材料,协助法官组织庭前证据交换,协助法官组织庭前调解,草拟调解文书,受法官委托或者协助法官依法办理财产保全和证据保全措施等,受法官指派办理委托鉴定、评估等工作,根据法官的要求准备与案件审理相关的参考资料、研究案件涉及的相关法律问题,在法官的指导下草拟裁判文书等。书记员也属于审判辅助人员,主要在程序性事务中承担记录、整理、装订、归档、校对等职能,具体包括庭前准备的事务性工作,检查开庭时诉讼参与人的出庭情况、宣布法庭纪律,负责案件审理中的记录工作,整理、装订、归档案卷材料,以及法官交办的其他事务性工作。法官助理、书记员在案件审理过程中,能否保持公平、公正对待各方当事人，对于案件审理的整体公正性有很大影响，因此，回避制度也适用于法官助理、书记员。关于司法技术人员，《人民法院组织法》第五十一条规定，人民法院根据审判工作需要，可以设司法技术人员，负责与审判工作有关的事项。司法技术人员主要包括知识产权案件中的技术调查官，以及法医、工程、文痕等技术人员。翻译人员是人民法院委托或者指定从事案件翻译工作的人员。鉴定人是经人民法院指定或者根据双方当事人选定，运用自己的专业知识进行鉴定活动，并向人民法院提出全面鉴定结论的人员。勘验人是人民法院的工作人员或者指定的其他人员，对一定的事件进行勘验、检验的人。司法技术人员、翻译人员、鉴定人、勘验人都是协助法官查明案件事实的工作人员，他们是否公正廉洁，也会影响法官对案件事实的判断，因此，这些人员也适用回避制度。

最后，自行回避和申请回避都适用于法官助理、书记员、司法技术人员、翻译人员、鉴定人、勘验人。如果法官助理、书记员等人员存在第四十七条第一款规定的情形，必须主动回避，当事人也可以申请其回避。如果他们存在第四十七条第二款规定的情形，不仅当事人有权申请其回避，同样，也需要根据相关规定承担法律责任。

三、将第一百一十五条修改为："当事人之间恶意串通，企图通过诉讼、调解等方式侵害国家利益、社会公共利益或者他人合法权益的，人民法院应当驳回其请求，并根据情节轻重予以罚款、拘留；构成犯罪的，依法追究刑事责任。

"当事人单方捏造民事案件基本事实,向人民法院提起诉讼,企图侵害国家利益、社会公共利益或者他人合法权益的,适用前款规定。"

● 释 义

本条是关于对虚假诉讼、调解侵害他人合法权益行为进行司法处罚的规定。

本次修改民事诉讼法,对原条文主要作了两点调整:一是进一步明确侵害法益的范围。将虚假诉讼侵害法益从"他人合法权益"明确为"国家利益、社会公共利益或者他人合法权益",坚决防止虚假诉讼行为损害国家利益、社会公共利益。二是增加一款,规制单方虚假诉讼。在"双方恶意串通"情形之外,增加"单方捏造民事案件基本事实"的情形,突出虚假诉讼的本质特征,准确界定虚假诉讼外延,压缩虚假诉讼存在空间。修改本条规定的目的在于,除双方虚假诉讼外,司法实践中还存在当事人单方以谋取非法利益为目的,捏造民事案件基本事实,通过诉讼方式误导法院作出错误裁判,侵害国家利益、社会公共利益或者他人合法权益,严重冲击司法的权威性及诉讼制度的公正和效率的单方虚假诉讼行为。明确惩处单方虚假诉讼行为的法律依据,有助于全面打击虚假诉讼行为,维护司法公平公正的形象,进一步提升社会诚信理念。

(一) 对虚假诉讼行为进行规制的必要性

近年来,司法实践中的虚假诉讼案件呈现高发态势,不仅严重侵害了他人合法权益，而且浪费了司法资源，严重损害了司法公信力。虚假诉讼案件主要可分为两种类型：一是双方串通型虚假诉讼。例如，在离婚案件中，一方当事人为了达到多分共同财产的目的，在离婚诉讼前，与他人恶意串通、虚构债务，并以判决书或者调解书的形式确认债务；在继承纠纷中，一些继承人与案外人串通，虚构被继承人的债务，假借判决书、调解书转移遗产；有的当事人为逃避自身债务，与他人串通虚构债务，通过法院判决书或者调解书转移财产；有的当事人为逃避债务，与他人串通订立虚假抵押合同，侵害普通债权人的债权；有的公司法定代表人与他人串通，通过诉讼转移公司财产等。二是单方捏造型虚假诉讼。例如，在民间借贷已经偿还的情形下要求对方再次偿还；对通过暴力等非法手段取得的借条等主张债权等。

根据《民事诉讼法》的规定，法院通过审判程序作出的判决书以及在法院主持下达成的调解书都是司法文书，具有法律效力，并可以作为执行依据申请强制执行，非经法定程序不得变更和撤销。根据民事诉讼理论，判决书、调解书在双方当事人之间发生法律效力，但对案外人也有一定的溢出效力，可以影响案外人的权益，如当事人合谋虚构债务，转移债务人财产，降低偿债能力，使得真正债权人无法受偿；当事人虚构抵押合同，使得虚构的债权具有法定优先清偿的效力，侵害普通债权人的权益等。虚假诉讼的当事人正是利用这一点，伪造证据，虚构民事纠纷，使得原本严肃的审判程序变成一场闹剧，以合法形式掩盖其非法目的，不仅侵害了他人的合法权益，更是严重干扰了人民法院的正常审判秩序，损害了司法机关的公信力。

制造虚假诉讼的行为人为逃避法律制裁，采用的手段较之前更为隐蔽，也更难被察觉。为规制虚假诉讼行为，遏制虚假诉讼案件的增长，立法机关、司法机关对虚假诉讼加以规制和惩治的力度也在持续加大。2015年，《刑法修正案（九）》将虚假诉讼入罪，规定虚假诉讼罪是指以捏造的事实提起民事诉讼，妨害司法秩序或者严重侵害他人合法权益。2016年，最高人民法院发布《最高人民法院关于防范和制裁虚假诉讼的指导意见》，通过多种措施防范和制裁虚假诉讼行为。2018年，最高人民法院、最高人民检察院专门出台《关于办理虚假诉讼刑事案件适用法律若干问题的解释》，对虚假诉讼罪在具体适用方面的若干问题作出了明确规定，对于在实践中综合运用民事、刑事等多种手段，依法惩治发生在民商事案件审判、执行程序中的虚假诉讼违法犯罪行为，维护正常司法秩序，保护公民、法人和其他组织的合法权益，具有重要意义。2021年，最高人民法院、最高人民检察院、公安部、司法部印发《关于进一步加强虚假诉讼犯罪惩治工作的意见》，对建立健全虚假诉讼犯罪惩治配合协作和程序衔接机制、进一步加强虚假诉讼犯罪惩治工作作了更加具体的规定。本次修改《民事诉讼法》，明确单方虚假诉讼的情形，有利于进一步全面打击虚假诉讼行为，维护司法的权威性及公信力。

（二）虚假诉讼的构成要件

本条规制的虚假诉讼，包括双方串通型虚假诉讼和单方捏造型虚假诉讼。双方串通型虚假诉讼是指当事人之间恶意串通，企图通过诉讼、调解等方式侵害国家利益、社会公共利益或者他人合法权益。单方捏造型虚假诉讼是指当事人单方捏造民事案件基本事实，向人民法院提起诉讼，企图侵害国家利益、社会公共利益或者他人合法权益。符合本条规定的虚假诉讼应当满足下列构成要件：

1. 当事人恶意串通或单方捏造民事案件基本事实

当事人恶意串通是指当事人合谋故意实施虚假诉讼的行为，双方当事人有着共同的目的，明知进行的是虚假诉讼行为却仍然实施。在司法实践中，当事人的主观状态难以直接证明，只能通过他们实施的客观行为来推定，如伪造证据、倒签借款协议、自认虚假事实等。当事人单方捏造民事案件基本事实是指当事人单方故意通过伪造证据、虚假陈述、指使证人作假证言等手段捏造民事案件基本事实的行为。

2. 通过诉讼、调解等方式实施

所谓诉讼，是指根据《民事诉讼法》提起民事诉讼，并在法院的主持下，由原告和被告以及诉讼代理人、证人、鉴定人等诉讼参加人参加，依照法定程序，解决当事人之间的民事、经济等权益争议和纠纷的一种活动。诉讼具有国家性、法律性、程序性和强制性等特征。本条规定的虚假诉讼，本质上是一个原本不应存在的诉讼，当事人将带有国家强制性的司法审判程序作为侵害国家利益、社会公共利益或者他人合法权益的一种手段。所谓调解，是指双方或多方当事人就争议的实体权利、义务，在第三方的主持下，自愿进行协商，通过教育疏导，促成各方达成协议、解决纠纷的办法。在我国法律中，调解不仅包括诉讼程序中在法院主持下的调解，还包括在人民调解委员会、农村土地承包仲裁委员会、仲裁庭等组织主持下的调解。本条中的"调解"仅指在法院主持下的调解活动。在就本条征求意见过程中，有的意见提出，实践中有些当事人通过其他形式的调解侵害他人合法权益，也应当予以规制。经研究，本法是规定民事诉讼程序的法律，主要规范人民法院主持下的诉讼中调解活动，通过其他形式的调解侵害他人合法权益的，可以由《人民调解法》等法律规定，不宜在本法中作出规定。此外，还有意见提出，仲裁作为与诉讼、调解并列的解决纠纷途径之一，通过仲裁侵害他人合法权益的案件也时有发生，建议将其一并纳入本条作出规定。经研究，仲裁法、民事诉讼法已经分别对撤销仲裁裁决、不予执行仲裁裁决等制度作出了规定，当事人通过虚假仲裁侵害国家利益、社会公共利益或者他人合法权益的情形可以通过上述制度规范予以解决，可不纳入本条规范。

3. 侵害国家利益、社会公共利益或者他人合法权益

其中，"他人合法权益"中的"他人"既包括对方当事人，也包括案外人。案外人可能是特定的案外人，也可能是非特定的案外人。如当事人通过虚假诉讼转移某案外人所有的物，则其侵犯的是该特定案外人的合法权益；如当事人通过虚构债务转移自身财产，则其侵犯的是所有债权人的合法权益。此处的"合法权益"，既包括物权，也包括债权、知识产权等法律保护的其他民事权益。

**（三）当事人实施虚假诉讼的法律责任**

当事人进行虚假诉讼，不仅侵害国家利益、社会公共利益或者他人合法权益，而且浪费司法资源，冲击司法审判的权威性及公信力。法官在审理案件时如果认定当事人实施了虚假诉

讼，应当驳回其请求，并根据情节轻重予以罚款、拘留；构成犯罪的，依法追究刑事责任。

1. 驳回请求

驳回请求是指人民法院认为原告请求的内容没有事实依据而作出的对其请求不予支持的判决。虚假诉讼所要证明的事实并不存在，在此基础上的所谓的诉讼请求也是不成立的，应当予以驳回。当事人进行虚假诉讼是为了以判决、裁定或者调解书的形式确认原本并不存在的权利义务关系，通过判决驳回请求，可以从实体上阻断其实现非法目的。

2. 拘留、罚款

本条规定的拘留、罚款是指法院实施的对妨害民事诉讼的当事人采取的强制措施，是一种司法行政行为。当事人恶意串通或单方捏造事实，虚构权利义务关系，侵害国家利益、社会公共利益或者他人合法权益，将司法权作为其实现非法目的的手段，严重干扰了法院正常的审判秩序。根据本条规定，除驳回请求外，法院还应当根据情节轻重予以罚款、拘留。根据修改后《民事诉讼法》第一百一十八条的规定，对个人的罚款金额，为人民币十万元以下；对单位的罚款金额，为人民币五万元以上一百万元以下；拘留期限为十五日以下。

3. 依法追究刑事责任

当事人进行虚假诉讼，除了需要承担上述责任外，满足刑事犯罪构成要件的，还应当依法承担刑事责任。《刑法》第三百零七条之一规定，"以捏造的事实提起民事诉讼，妨害司法秩序或者严重侵害他人合法权益的，处三年以下有期徒刑、拘役或者管制，并处或者单处罚金；情节严重的，处三年以上七年以下有期徒刑，并处罚金。单位犯前款罪的，对单位判处罚金，并对其直接负责的主管人员和其他直接责任人员，依照前款的规定处罚。有第一款行为，非法占有他人财产或者逃避合法债务，又构成其他犯罪的，依照处罚较重的规定定罪从重处罚。司法工作人员利用职权，与他人共同实施前三款行为的，从重处罚；同时构成其他犯罪的，依照处罚较重的规定定罪从重处罚。"此外，根据虚假诉讼的目的和手段不同，还可能涉及其他犯罪，如为提起虚假诉讼或者在虚假诉讼过程中，指使他人提供虚假的物证、书证、陈述、证言、鉴定意见等伪证，或者指使参与伪造证据的，可以按照妨害作证罪、帮助伪造证据罪处理；当事人以非法占有为目的，进行虚假诉讼，骗取公私财物的，可以按照诈骗罪处理；公司、企业或者其他单位人员利用职务便利，进行虚假诉讼，侵吞本单位财物的，可以根据单位的不同性质分别按照职务侵占罪、贪污罪处理等。

**四、将第一百三十条第二款修改为："当事人未提出管辖异议，并应诉答辩或者提出反诉的，视为受诉人民法院有管辖权，但违反级别管辖和专属管辖规定的除外。"**

● 释 义

本条是关于应诉管辖的规定。

本次修改民事诉讼法，对原规定作了调整，即在"应诉答辩"之后增加"或者提出反诉"，使得应诉管辖的规定更为周延。

所谓应诉管辖，学理上也称默示或者拟制的合意管辖。关于应诉管辖的适用范围，虽然在国内学术界仍存在一定争议，认为应诉管辖不是协议管辖的一种，而且会导致协议管辖范围的无限制扩大，但是从国外许多国家民事诉讼的立法情况来看，设立完善的应诉管辖制度对于节省司法资源还是具有积极意义的。德国《民事诉讼法》第三十九条规定，一审程序中，被告不主张管辖错误而进行本案的言辞辩论时，也可以发生管辖权。日本《民事诉讼法》第十二条规定，被告在一审不提出违反管辖的抗辩而对本案进行辩论或者在辩论准备程序中不提出违反管辖而进行陈述时，该法院则拥有管辖权。上述国家关于应诉管辖的规定并未区分涉外案件与国内案件，在可选择法院的范围限制上，除去不违反专属管辖的规定外，并无特殊要求。鉴于上述背景，我国在2012年修改民事诉讼法时，将应诉管辖的适用范围由原来的涉外民事案件扩大到非涉外民事案件，不仅为当事人减少诉累，也为法院管辖赋予正当的法律依据，节省司法资源，体现公正与效率。本次修改民事诉讼法，有的意见提出，为进一步扩大我国法院对涉外民事案件的管辖权，在应诉管辖方面，可在形式上不强调须受级别管辖和专属管辖的限制。涉外民事案件的当事人未提出管辖权异议，并应诉答辩或者提出反诉的，即可视为人民法院有管辖权。如果受诉法院违反了民事诉讼法关于级别管辖和专属管辖的限制，也可在先将管辖权争取到我国后，再根据移送管辖和指定管辖等规定进行管辖权的调整。经研究，本次修改专门在涉外编增加一条规定："当事人未提出管辖异议，并应诉答辩或者提出反诉的，视为人民法院有管辖权。"由此，关于应诉管辖问题，民事诉讼法在涉外编和非涉外编都作了规定，且在表述上有所区分。此外，在本次修改民事诉讼法的过程中，有的意见提出,应当吸收有关司法解释的规定,增加"提出反诉"作为当事人应诉管辖的情形。经研究,提出反诉意味着当事人已经接受本诉管辖,并在此基础上以吸收、吞并对方的诉讼请求为目的提起了诉讼,自然应当视为受诉人民法院有管辖权。因此,本条和涉外编应诉管辖的条文都将"提出反诉"作为应诉管辖的情形加以规定。需要说明的是,基于应诉管辖规定在涉外编与非涉外编的不同考虑,本条的应诉管辖须受到级别管辖和专属管辖规定的限制,即不得违反民事诉讼法有关级别管辖和专属管辖的规定。

**五、将第一百四十条第二款修改为:**"开庭审理时,由审判长或者独任审判员核对当事人,宣布案由,宣布审判人员、法官助理、书记员等的名单,告知当事人有关的诉讼权利义务,询问当事人是否提出回避申请。"

● 释 义

本条是关于人民法院在开庭审理时应作事项的规定。

本次修改《民事诉讼法》,对本条第二款作了修改,将"宣布审判人员、书记员名单"修改为"宣布审判人员、法官助理、书记员等的名单"。

在审理开始阶段,主要任务是为开庭审理作必要的准备工作,解决影响庭审开始有关程序方面的问题。

1. 开庭审理前,由书记员查明当事人和其他诉讼参与人是否到庭。一方当事人或双方当事人以及其他诉讼参与人没有到庭的，应将情况及时报告审判长，并由合议庭决定是否延期开庭或者中止诉讼。决定延期开庭审理的，应当及时通知当事人和其他诉讼参与人；决定中止诉讼的，应当制作裁定书，发给当事人。

2. 书记员宣布当事人及其诉讼代理人入庭，并宣布法庭纪律。依照《人民法院法庭规则》第十七条的规定，全体人员在庭审活动中应当服从审判长或独任审判员的指挥，尊重司法礼仪，遵守法庭纪律，不得实施下列行为：（1）鼓掌、喧哗；（2）吸烟、进食；（3）拨打或接听电话；（4）对庭审活动进行录音、录像、拍照或使用移动通信工具等传播庭审活动；（5）其他危害法庭安全或妨害法庭秩序的行为。检察人员、诉讼参与人发言或提问，应当经审判长或独任审判员许可。旁听人员不得进入审判活动区，不得随意站立、走动，不得发言和提问。媒体记者经许可实施第一款第四项规定的行为，应当在指定的时间及区域进行，不得影响或干扰庭审活动。

3. 审判长应当核对当事人，查明原告、被告及其诉讼代理人的姓名、性别、年龄、职业等身份情况，查明诉讼代理人有无授权委托书及代理权限。

4. 审判长宣布案由及开始庭审，对依法不公开审理的案件应当说明理由。原告经传票传唤，无正当理由拒不到庭的，可以按撤诉处理；被告经传票传唤，无正当理由拒不到庭的，审判长可以宣布缺席审理并说明传票送达合法和缺席审理的根据，如果经两次合法传唤仍未到庭并属于法律规定必须到庭的情形的，可以适用拘传；无独立请求权的第三人，无正当理由拒不到庭的，不影响案件的审理；当事人提供的证人在人民法院通知的开庭日期没有正当理由拒不到庭的,由提供该证人的当事人承担举证不能的责任。

5. 审判长宣布合议庭组成人员、法官助理、书记员等的名单,并逐项告知当事人法律规定的诉讼权利和义务。审判长应当询问各方当事人是否申请回避,当事人提出申请回避的,合议庭应当宣布休庭。根据修改后的《民事诉讼法》第四十九条的规定,院长担任审判长或者独任审判员时的回避,由审判委员会决定;审判人员的回避,由院长决定;其他人员的回避,由审判长或者独任审判员决定。当事人申请回避的理由不能成立的,由审判长在重新开庭时宣布予以驳回,并记入笔录。当事人申请理由成立,决定回避的,由审判长宣布延期审理。当事人对驳回回避申请的决定不服,申请复议的,不影响案件的开庭审理。人民法院对复议申请,应当在三日内作出复议决定并通知复议申请人,也可以在开庭时当庭作出复议决定并告知复议申请人。

本次修改《民事诉讼法》,对宣布名单的人员范围作了扩大,由"审判员、书记员"扩大至"审判员、法官助理、书记员等"。首先,法官助理作为审判辅助人员,人民法院组织法对其职责已有明确规定。《人民法院组织法》第四十八条规定,人民法院的法官助理在法官指导下负责审查案件材料、草拟法律文书等审判辅助事务。依照修改后的《民事诉讼法》第四十七条规定,当法官助理协助法官参与案件审理各项辅助事务时,须同审判人员一样,适用《民事诉讼法》有关回避的规定。因此,只有在开庭审理时明确宣布法官助理的名单,才能切实保障当事人申请回避的权利。其次,本次修改《民事诉讼法》，在宣布名单方面，除审判员、法官助理、书记员之外，还有一个"等"字。这里的"等"应作"等外"解释，即应根据参与具体案件审理的诉讼参与人的情况加以确定。比如，根据修改后的《民事诉讼法》第四十七条第四款规定，有关回避的规定也应适用于司法技术人员。在有的知识产权纠纷案件审理过程中，人民法院为查清有关技术事实，需要指派技术调查官这一司法技术人员参与到开庭审理过程中来。在此种情形下，因司法技术人员同样需要适用回避的有关规定，因此在开庭审理宣布人员名单时，审判长或者独任审判员应当同时宣布参加开庭审理的技术调查官的名单。

六、将第一百八十四条修改为："人民法院审理选民资格案件、宣告失踪或者宣告死亡案件、指定遗产管理人案件、认定公民无民事行为能力或者限制民事行为能力案件、认定财产无主案件、确认调解协议案件和实现担保物权案件，适用本章规定。本章没有规定的，适用本法和其他法律的有关规定。"

▶ 释 义

本条是关于适用特别程序的案件的规定。

本次修改《民事诉讼法》，在第十五章增加规定"指定遗产管理人案件"一节，将此类案件正式列入特别程序加以规范。相应地，本条关于适用特别程序案件的规定也增加了"指定遗产管理人案件"。

特别程序与普通程序不同。适用特别程序的案件不是由双方当事人之间发生了民事权利义务的争议而引起的，人民法院审理的对象不是解决双方当事人之间的民事权利义务争议，而是确认某种法律事实是否存在，确认某种权利的实际状态。本条所列选民资格案件、宣告失踪或者宣告死亡案件、指定遗产管理人案件、认定公民无民事行为能力或者限制民事行为能力案件、认定财产无主案件、确认调解协议案件和实现担保物权案件，均具有这个特点。如宣告失踪或者宣告死亡案件，人民法院自发出寻找下落不明人的公告满三个月，根据下落不明的事实，即可判决宣告失踪，或者自发出寻找下落不明人的公告满一年，根据下落不明的事实，即可判决宣告失踪人死亡。判决宣告失踪后可以解决失踪人财产管理、债务清偿等问题；判决宣告死亡可以解决其财产的继承等问题。这是一种法律拟制，是为了解决现实生活中存在的问题而设立的一种制度。

2020年5月28日，十三届全国人大三次会议通过了《民法典》，自2021年1月1日起施行。《民法典》继承编新增遗产管理人制度，对遗产管理人的确定、职责、法律责任等作出规定，进一步确保了被继承人的遗产能够得到妥善管理、顺利分割，从而更好地维护继承人、债权人利益。为与《民法典》规定的遗产管理人制度保持衔接，细化遗产管理人制度的程序规则，回应司法实践需求，本次修改《民事诉讼法》，在第十五章新增一节"指定遗产管理人案件"，对申请指定遗产管理人的管辖法院、人民法院判决指定遗产管理人的原则、遗产管理人存在特殊情形下的处理等作出规定，从而为此类案件的审理提供明确的程序指引，增强了规则的可操作性，有利于遗产管理人制度功能的充分发挥。

七、在第十五章第三节后增加一节，作为第四节：

"第四节　指定遗产管理人案件

"第一百九十四条　对遗产管理人的确定有争议，利害关系人申请指定遗产管理人的，向被继承人死亡时住所地或者主要遗产所在地基层人民法院提出。

"申请书应当写明被继承人死亡的时间、申请事由和具体请求，并附有被继承人死亡的相关证据。

"第一百九十五条　人民法院受理申请后，应当审查核实，并按照有利于遗产管理的原则，判决指定遗产管理人。

"第一百九十六条　被指定的遗产管理人死亡、终止、丧失民事行为能力或者存在其他无法继续履行遗产管理职责情形的，人民法院可以根据利害关系人或者本人的申请另行指定遗产管理人。

"第一百九十七条　遗产管理人违反遗产管理职责，严重侵害继承人、受遗赠人或者债权人合法权益的，人民法院可以根据利害关系人的申请，撤销其遗产管理人资格，并依法指定新的遗产管理人。"

● 释　义

本条新增"指定遗产管理人案件"一节，共四个条文，对指定遗产管理人案件的相关程序规则作了规定。

遗产管理人制度是《民法典》规定的新制度。遗产管理人是在继承开始后遗产分割前，负责处理涉及遗产有关事务的人。《民法典》第一千一百四十五条至一千一百四十九条对遗产管理人制度作了基本规定，内容包括遗产管理人的选任和指定，遗产管理人的职责、民事责任和报酬等。《民法典》第一千一百四十五条对遗产管理人的选任作了规定：继承开始后遗嘱执行人为遗产管理人；没有遗嘱执行人的，继承人应当及时推选遗产管理人；继承人未推选的由继承人共同担任遗产管理人；没有继承人或者继承人均放弃继承的，由被继承人生前住所地的民政部门、村民委员会担任遗产管理人。根据这一规定，遗产管理人可以由遗嘱执行人担任，在没有遗嘱执行人的情况下，则由继承人推选或者共同担任遗产管理人，或者由民政部门或者村民委员会担任。当事人根据该规定对选任遗产管理人事项达成一致，遗产管理人即可以依法管理遗产。如果当事人对遗产管理人的确定发生争议，则涉及如何处理此类争议的问题，《民法典》第一千一百四十六条对人民法院指定遗产管理人作了规定。《民法典》第一千一百四十六条规定，对遗产管理人的确定有争议的，利害关系人可以向人民法院申请指定遗产管理人。《民法典》实施后，在遗产管理人制度运行过程中，各地发生了不少遗产管理人相关纠纷，因此亟待配套的法律程序安排。此次修改《民事诉讼法》在本章中新增第四节，对指定遗产管理人案件的司法程序专门作了规定，以实现与《民法典》遗产管理人制度的有效衔接，确保被继承人的遗产得到妥善管理，保障继承人、债权人等利害关系人的合法权益。

**第一百九十四条** 对遗产管理人的确定有争议,利害关系人申请指定遗产管理人的,向被继承人死亡时住所地或者主要遗产所在地基层人民法院提出。

申请书应当写明被继承人死亡的时间、申请事由和具体请求,并附有被继承人死亡的相关证据。

### ☞ 释 义

本条是关于指定遗产管理人案件的管辖和申请的规定。

(一)确定遗产管理人的争议

在修改《民事诉讼法》过程中,有的意见提出,应当明确遗产管理人的资格和范围。考虑到《民法典》第一千一百四十五条对遗产管理人的选任范围作了明确规定,遗嘱执行人、继承人都能担任遗产管理人。由于遗嘱执行人是由遗嘱人选定的,因此应当尊重遗嘱人的内心意愿,法律不宜作出过多限制;继承人也能担任遗产管理人,法律不宜对继承人的资格作出限制。因此,修改后的《民事诉讼法》没有对遗产管理人的资格作进一步规定。

根据《民法典》的规定,担任遗产管理人的范围包括遗嘱执行人、继承人、民政部门或者村民委员会。确定遗产管理人的方式包括四种:一是遗嘱人自主选定遗嘱管理人;二是全体继承人推选部分继承人担任;三是全体继承人共同担任;四是由民政部门或者村民委员会担任。根据《民法典》的规定,遗产管理人选任的不同方式之间是有先后顺序的:首先,有遗嘱执行人的,应当先由遗嘱执行人担任遗产管理人;其次,在没有遗嘱执行人的情况下,再由继承人推选遗产管理人;再次,继承人没有推选或者推选不出遗产管理人时,则由全体继承人共同担任遗产管理人;最后,在没有继承人或者全体继承人均放弃继承时,则由民政部门或者村民委员会担任。

被继承人死亡后,如果当事人之间就遗嘱管理事务达成一致,按照民法典规定的顺序选任遗产管理人即可。但遗产管理毕竟涉及继承人、债权人等各方利益,存在利益诉求差异,难免会对遗产管理人的确定发生争议。当事人对遗产管理人的确定发生争议,可能有不同类型:第一类是对遗嘱执行人担任遗产管理人有争议。比如,遗嘱人指定了多个遗嘱执行人,遗嘱执行人之间就遗产管理事项发生争议。又如,遗嘱人指定的遗嘱执行人丧失行为能力,继承人对其担任遗产管理人提出异议。再如,遗嘱执行人认为自己不适合担任遗产管理人,需要另行确定遗产管理人。第二类是对继承人担任遗产管理人有争议。比如,继承人推选出遗产管理人后,有的继承人对所推选出的遗产管理人有异议。又如,继承人共同担任遗产管理人时,利害关系人对其中部分遗产管理人是否适合担任遗产管理人有争议。再如,债权人对部分继承人担任遗产管理人有异议。第三类是对民政部门或者村民委员会担任遗产管理人有争议。比如,在遗产长期处于无人管理时,利害关系人认为应当由民政部门或村民委员会担任遗产管理人。又比如,村民委员会担任遗产管理人后,利害关系人认为自己有继承权,主张应由其担任遗产管理人,等等。不论出于哪种原因,只要利害关系人对遗产管理人的确定发生争议,就可以申请人民法院依法指定遗产管理人。

在《民事诉讼法》修改过程中，有的意见提出，应当明确此类案件申请人（利害关系人）的范围。此类案件的利害关系人是指与遗产具有直接利益关系的人，包括遗嘱执行人、继承人、被继承人的债权人以及受遗赠人等。

(二) 指定遗产管理人案件的管辖

当事人对确定遗产管理人有争议，需要向人民法院提出申请，首先需要确定的就是向哪里的法院提出申请。确定民事案件的管辖，应当便利当事人诉讼，便利案件的审理和执行。因此，本条第一款明确了此类案件的管辖法院，即利害关系人申请指定遗产管理人的，应当向被继承人死亡时住所地或者主要遗产所在地基层人民法院提出。此规定与《民事诉讼法》关于遗产继承纠纷专属管辖的规定是一致的。修改后的《民事诉讼法》第三十四条第三项专门规定，因继承遗产纠纷提起的诉讼，由被继承人死亡时住所地或者主要遗产所在地人民法院管辖。因此，指定遗产管理人案件的管辖法院为被继承人死亡时的住所地或者主要遗产所在地法院。之所以这么规定，原因在于指定遗产管理人案件，虽然不会处理遗产相关民事权益，但是确定遗产管理人的根本目的是更好地管理遗产事务，需要由与遗产存在密切联系的法院管辖更合适，且此类纠纷与遗产继承相关纠纷往往密切相关，由相同的法院管辖有助于了解案情，更为便利、经济。

1. 被继承人死亡时的住所地。住所是指民事主体进行民事活动的中心场所或者主要场所。自然人的住所一般指自然人长期居住、较为固定的居所。《民法典》第二十五条规定，自然人以户籍登记或者其他有效身份登记记载的居所为住所；经常居所与住所不一致的,经常居所视为住所。依据《民法典》的这一规定,自然人首先以户籍登记或者其他有效身份登记记载的居所为住所。户籍登记是国家公安机关按照国家户籍管理法律法规,对公民的身份信息进行登记记载的制度。因此,公民应当在经常居住地的公安机关进行户籍登记,户籍登记记载的居所即是其长期居住、较为固定的居所。其次,还可以根据"其他有效身份登记"记载的居所为住所,所谓其他有效身份登记主要是指居住证、外国人的有效居留证件等。最后,如果经常居住地与住所不一致的,以经常居住地为住所。所谓经常居住地是指自然人户籍登记的住所之外的连续居住超过半年的合法稳定居所。因此,根据《民法典》的规定,判断被继承人死亡时的住所地,可以根据户籍登记或者其他有效身份登记所记载的住所判断,如果住所与经常居住地不一致的,则以经常居住地判断。根据本条第一款规定,被继承人的住所地法院对指定遗产管理人案件享有管辖权,这主要是因为被继承人的住所地往往是其生活的中心,是其人际关系的主要发生地,往往同时也是主要遗产所在地,由住所地法院管辖,能够便利查明被继承人生前的社会关系和财产关系,以及继承人的情况等。

2. 被继承人的主要遗产所在地。所谓主要遗产所在地,就是被继承人的绝大部分遗产的所在地。绝大部分遗产并非指遗产的数量,而应当根据遗产价值大小或者所占比重进行分析。比如,被继承人的遗产既包括动产也包括不动产,如果其不动产的价值巨大,而动产的价值较小,则应当根据不动产所在地来确定主要遗产所在地。相反,如果被继承人为上市公司的实际控制人,其所持股票价值巨大,与之相比,其所有的不动产价值不足为道,则应当以其股票价值为主要遗产。根据本条第一款的规定,被继承人的主要遗产所在地法院对指定遗产管理人案件也享有管辖权,由主要遗产地法院管辖此类案件,有助于更好地查明被继承人的财产情况,同时也有利于遗产管理人确定后管理遗产。

根据本条第一款规定,此类案件由被继承人死亡时住所地或者主要遗产所在地的基层人民法院管辖。因此,管辖指定遗产管理人案件的法院只能是基层人民法院。不论被继承人遗产多少,也不论被继承人是否为外国人,只要是指定遗产管理人案件,均由基层人民法院管辖。之所以这样规定,主要是考虑到此类案件并不复杂,难度也往往不大,且基层法院更贴近群众,有助于了解被继承人生前的生活状况,处理此类案件也更为便利。此外,被继承人死亡时的住所地基层人民法院和主要遗产所在地基层人民法院都享有管辖权,利害关系人可以选择其一提出申请。

(三)指定遗产管理人的申请

本条第二款规定了指定遗产管理人申请书的要求,即申请书应当写明被继承人死亡的时间、申请事由和具体请求,并附有被继承人死亡的相关证据。2022年12月,最高人民法院提请审议的《民事诉讼法》修正草案中,第二款规定的内容是:"申请书应当写明被继承人死亡的时间、申请事由和具体请求,并附有有关机关关于被继承人死亡的书面证明。"在征求意见过程中,一些意见提出,被继承人死亡的书面证明既有公安机关出具的,也有医疗机构出具的,且书面证明只有一份,利害关系人未必能够掌握,建议对此规定作出修改。经研究,对此作了修改，将"书面证明"修改为"相关证据"。根据本款规定，利害关系人申请指定遗产管理人的申请书的形式和实质要求包括：

第一，要以书面形式提出申请。利害关系人请求对被继承人的遗产管理事项指定遗产管理人，应当依法向有管辖权的人民法院提出书面申请，而不能仅以口头方式提出。书面形式就是以文字等可以有形形式再现内容的形式。书面申请可以是纸质版申请书，也可以根据人民法院的信息化要求提交电子版申请书。当然，对于书写申请书有困难的当事人，人民法院可以根据其口头申请依法制作笔录，并由其签名或者盖章确认，同样具有法律效力。

第二，申请书的内容应当包括被继承人死亡的时间、申请事由和具体请求。首先，申请书应写明被继承人死亡的具体时间。被继承人死亡的时间应当明确，即写明死于某年某月某日，且死亡时间应当与所附证明材料上所载明的被继承人死亡时间一致。其次，申请书应写明申请事由。所谓申请事由就是申请指定遗产管理人的事实和理由。申请事由因案情不同而不同，需要根据个案的实际情况如实陈述。如遗嘱指定的遗嘱执行人因年老体弱，已经不具有执行遗嘱的能力，需要申请法院指定其他具有管理能力的人为遗产管理人。如推选出的遗产管理人丧失民事行为能力，难以推选出新的遗产管理人，需要法院指定遗产管理人等。再次，申请书要写明具体请求，即申请法院指定遗产管理人。申请书可以明确申请法院指定某人为遗产管理人，也可以申请法院指定具备管理能力的人为遗产管理人。当然，除这些核心内容外，申请书还应当写明申请人和被申请人的姓名、性别、年龄、住所、联系方式等基本信息，以及与被继承人的关系、申请日期、申请法院等相关内容。

第三，附有相关证据材料。申请指定遗产管理人的申请书，应当附上证明申请事由的相关证据。这些证据材料主要包括：（1）被继承人死亡的证明材料，诸如公安机关或者医院出具的死亡证明，殡葬部门出具的火化证明，近亲属公开发布的讣告，人民法院作出的宣告死亡判决等。（2）需指定遗产管理人的证据材料。比如，遗嘱执行人丧失行为能力的证据，部分继承人认为推选出的遗产管理人难以胜任管理职责的证据等。（3）申请法院所指定的遗产管理人具备相应能力的证据材料。如果申请人明确申请法院指定某人作为遗产管理人，应当提交初步证据证明该人具备为被继承人管理遗产的相应能力和条件。

**第一百九十五条** 人民法院受理申请后，应当审查核实，并按照有利于遗产管理的原则，判决指定遗产管理人。

● 释　义

本条是关于指定遗产管理人的原则的规定。

（一）审查程序

1. 立案受理。根据有关司法解释的规定，实行立案登记制后，为保障当事人的诉讼权利，只要当事人提交的诉讼材料符合法定条件，人民法院就必须登记立案，不得不收取当事人提交的材料、不予答复或者不作出书面裁定。因此，当事人向人民法院提交指定遗产管理人的申请后，人民法院应当初步进行形式审查，只要当事人提出的书面申请符合本次修改后的《民事诉讼法》第一百九十四条第二款规定的形式要件就应当依法受理，登记立案；对于不符合条件的，人民法院应当释明指导，材料不全需要补充相关材料的，应当接收起诉材料，出具载有收到材料日期的书面凭证，并一次性告知当事人需要补充的材料，待当事人补充材料后及时依法决定是否立案。

2. 审查核实。人民法院在立案受理后，应当及时对当事人提出的申请进行审查。根据本次修改后的《民事诉讼法》第一百八十五条的规定，审理指定遗产管理人案件一般实行独任制，如果案件是重大、疑难案件，则须由审判员组成合议庭审理。需要注意的是，特别程序的合议庭不能有人民陪审员。审查的方式既可以是书面审查，也可以开庭审理，需要根据案件情况决定：如果案情比较简单，当事人之间也没有明显的争议，可以书面审查；如果案情比较复杂，涉及的当事人众多且争议较大，则不宜书面审查，而需要开庭审理，安排当事人到庭提出意见和主张，确保各方充分发表意见。书面审查可以节约当事人的时间成本，司法效率更高；开庭审理则有助于查明案情事实，便于法官准确裁判。

在指定遗产管理人案件中，虽然不会处理当事人的实体民事权益，但法官也必须认真审查申请人提出的涉及指定遗产管理人的事实和主张：首先，应审查被继承人死亡的事实。应当查明被继承人是否死亡，死亡的时间，自然死亡还是宣告死亡等。其次，应审查遗产管理争议事实。应当初步查明被继承人遗留的遗产情况，并查清当事人之间对被继承人遗产的管理存在什么争议。再次，应审查遗产管理人候选人情况。法院应当查明被继承人是否指定了遗嘱执行人，继承人有哪些，继承人是否放弃继承，是否存在无继承人继承遗产的情况等。在审理指定遗产管理人案件过程中，人民法院除了要审查申请人主张的事实，对于被申请人提出的各项主张，也应当调查核实。如被申请人对申请人的主张进行反驳，并提交了相关证据，人民法院也应当分析其提交证据的真实性、合法性、有效性，进而判断被申请人的主张是否有事实基础和法律依据。

3. 审理期限。人民法院审理指定遗产管理人案件，必须在法定期限内完成。指定遗产管理人案件的审理程序属于特别程序，因此，也适用本次修改后的《民事诉讼法》第十五章第一节的一般规定。根据本次修改后的《民事诉讼法》第一百八十七条的规定，指定遗产管理人案件，除非有特殊情况，必须在立案之日起三十日内或者公告期满后三十日内审结。在审理此类案件过程中，如果遇到诸如遗嘱执行人丧失行为能力、继承关系非常复杂等特殊情形的，可以经本院院长批准，适当延长审理期限。

4. 判决指定。根据本条规定，人民法院经过审理，在查明案件事实后，应当在法定期限内依法以作出判决的方式指定遗产管理人。指定遗产管理人不能以裁定的方式作出，必须作出判决。指定遗产管理人是特别程序，根据本次修改后的《民事诉讼法》第一百八十五条的规定，特别程序实行一审终审。因此，对于法院作出的指定遗产管理人的判决，作出即发生法律效力，当事人不能上诉。

（二）指定遗产管理人的范围

利害关系人申请指定遗产管理人，人民法院经过审理后判决指定遗产管理人，必须在法律规定的遗产管理人范围内指定。根据《民法典》第一千一百四十五条的规定，遗产管理人的范围包括遗嘱执行人、继承人、民政部门或者村民委员会。因此，人民法院应当在这些主体中指定遗产管理人。如果是多个遗嘱执行人因为担任遗产管理人有争议，则可以在其中指定一名或者数名遗嘱执行人为遗产管理人；如果是遗嘱执行人与继承人之间因遗产管理有纠纷，则可以在遗嘱执行人与继承人之间选择一人或者数人担任遗产管理人；如果是继承人之间因遗产管理人的确定发生纠纷，则应当在继承人之间指定合适的遗产管理人；如果是被继承人生前住所地的民政部门或者村民委员会之间因遗产管理人的确定发生纠纷，则需要在两者之间确定合适的机构担任遗产管理人。

人民法院是否能够指定律师或者律师事务所、会计师或者会计师事务所等与遗产无任何关系的其他人员、组织担任遗产管理人呢？这是不可以的，因为人民法院必须在《民法典》规定的遗产管理人范围内指定。当然，在管理遗产过程中，如果遗产管理人认为基于遗产管理的需要，必须聘请专业的人员或者机构处理某些遗产管理事务，则可以聘请专业人员或者专业机构提供相关服务，以帮助其实现遗产管理的目的。

(三) 确定遗产管理人的原则

根据本条规定，人民法院应当根据有利于遗产管理的原则指定遗产管理人。遗产管理涉及继承人、债权人、受遗赠人等各方当事人的权利和利益，因此，选择合适的人管理遗产至关重要。在各方对遗产管理存在争议的情况下，法院依法指定遗产管理人不仅有利于尽快全面清理遗产，妥善保管和处理遗产，实现遗产的保值增值，同时，一个称职的遗产管理人，在主持遗产分割时能够确保遗嘱得到有效执行，依法确定继承人的范围和继承份额，确保公平有序分配遗产。因此，人民法院在指定遗产管理人时，应当按照有利于遗产管理的原则，结合被继承人生前所立遗嘱等有关文件，尽量尊重被继承人的内心意愿，根据候选人的能力水平、公信力等进行指定。

1. 担任遗产管理人的前提条件。担任遗产管理人需处理与遗产相关的各种民事权利义务，因此，遗产管理人首先应当具有完全民事行为能力，能够以自己的名义独立处理各种民事法律关系。法人担任遗产管理人的，自然享有完全民事行为能力，当然法人指派的负责遗产管理事务的工作人员也应当具有完全民事行为能力。如果人民法院需要指定自然人担任遗产管理人，则需要审查其是否具有完全民事行为能力。人民法院应当在法定遗产管理人范围内指定具有完全民事行为能力的人担任遗产管理人，否则若遗产管理人没有完全民事行为能力，其自身的民事事务还需要由法定代理人代理，指定其担任遗产管理人毫无意义。不少国家和地区的立法也规定了遗产管理人或者遗嘱执行人的基本条件。如法国《民法典》规定，管理遗产者应当具有完全民事行为能力；德国《民法典》规定，遗嘱执行人在须管理遗产时不能是无民事行为能力人、限制民事行为能力人或者接受照管的人；日本《民法典》则规定，未成年人或者破产人不能担任遗嘱执行人。

2. 指定遗产管理人应当有利于遗产管理。人民法院指定的遗产管理人，既可以是法人，也可以是自然人。如果人民法院需要指定法人担任遗产管理人，那么根据《民法典》的有关规定，只能从被继承人生前住所地的民政部门或者村民委员会中选择。因此，如果被继承人是城镇居民，人民法院可以指定其生前住所地的民政部门担任遗产管理人；如果被继承人是农村居民，人民法院可以指定其生前住所地的村民委员会担任遗产管理人。人民法院在选择指定自然人担任遗产管理人时，选择的范围更大，包括遗嘱执行人、继承人。人民法院根据有利于遗产管理的原则指定遗产管理人时，应当综合考虑以下几个方面：首先，要尽量尊重被继承人的内心意愿。遗产是被继承人死亡时遗留的个人财产，虽然被继承人已经死亡，但处理其遗产时还是应当根据《民法典》的自愿原则，尊重被继承人的内心真实意愿。这需要结合被继承人生前生活、遗嘱内容等，分析被继承人更倾向于让谁来处理其身后事务。比如，被继承人仅就部分遗产指定了遗嘱执行人，对于其他遗产未指定遗嘱执行人，如果当事人对于遗嘱执行人管理其他遗产存在争议，那么人民法院在指定遗产管理人时，结合被继承人指定遗产执行人的事实，能够确认被继承人完全信任遗嘱执行人的，则可以指定由遗嘱执行人管理全部遗产。再如，被继承人死亡之前一直与部分继承人长期共同生活，财产也是交由共同生活的继承人打理，被继承人对共同生活的继承人也是非常信任的，则指定他们担任遗产管理人也是合适的。其次，要考虑候选人的能力和公信力。管理遗产毕竟要处理与遗产相关的很多事务，因此，在选定遗产管理人时，应当考虑其是否有管理遗产的能力和条件。当然，遗产管理人的能力只要与遗产相匹配即可。如果被继承人遗留的遗产数量很少，产权清晰，金额也不大，一般能力的人也能够管理；相反，如果被继承人遗留的遗产数额巨大，产权结构和关系非常复杂，这就对遗产管理人的能力提出了更高要求，需要遗产管理人具有相应的管理能力和经验。人民法院在指定遗产管理人时应当结合遗产的情况，分析候选人是否具有相应的管理能力。当然，即便候选人的管理能力很强，还需要考虑其是否具备管理遗产的条件。如果管理人在异国他乡，客观上不可能管理遗产，也不适合指定其担任遗产管理人。担任遗产管理人，除应具有相应的管理能力外，人格品行也很重要。有的国家的立法就规定，精神有缺陷、有犯罪记录、破产或者无力偿还债务的人不能担任遗产管理人。遗产管理人需要履行法定职责，不仅要保管好遗产，还要依法分配遗产。因此，需要遗产管理人在继承人中具有一定公信力，这样才能够公平公正地处理和分割遗产。总之，人民法院在指定自然人担任遗产管理人时，应本着有利于管理遗产的原则，综合分析候选人的条件、能力等各方面因素，综合权衡后再作出判决。

**第一百九十六条** 被指定的遗产管理人死亡、终止、丧失民事行为能力或者存在其他无法继续履行遗产管理职责情形的，人民法院可以根据利害关系人或者本人的申请另行指定遗产管理人。

● 释 义

本条是关于另行指定遗产管理人的规定。

遗产管理人根据《民法典》的规定处理遗产事务，在遗产分割完之前，必须履行法定职责。如果出现遗产管理人死亡等特殊情形，会导致遗产陷入无人管理的境地，因此需要人民法院再次指定遗产管理人。本条规定仅适用于人民法院指定的遗产管理人出现特殊情形无法继承履行管理职责，需要再次指定的情形。如果遗产管理人并非人民法院指定的，而是由被继承人确定的遗嘱执行人担任，或者是继承人之间商议确定的，在其死亡或者丧失民事行为能力时，则需要继承人再次推选，或者由其他继承人共同担任。当然，即便遗产管理人是人民法院指定的，在遗产管理人丧失民事行为能力或者无法继续履行管理职责时，继承人之间能够就遗产管理人达成一致，也无须人民法院另行指定遗产管理人；只有利害关系人就新的遗产管理人确定存在争议时，才有申请人民法院另行指定的必要。

(一) 另行指定遗产管理人的事由

根据本条规定，申请人民法院另行指定遗产管理人主要包括三种情形：

1. 遗产管理人死亡或者终止。遗产管理人死亡是指自然人担任遗产管理人时，自然死亡或者被宣告死亡。此时，自然人已丧失民事主体资格，自然无法履行管理遗产的法定职责。民政部门或者村民委员会担任遗产管理人的，如果由于各种原因而终止，同样也无法安排有关人员开展遗产管理活动，应当由人民法院重新指定。

2. 遗产管理人丧失民事行为能力。担任遗产管理人的自然人必须是完全民事行为能力人，因此，在遗产管理人由于精神障碍或者年龄增长等原因丧失或者部分丧失民事行为能力时，其已经不具备管理遗产的基本条件，自然需要另外安排其他人处理遗产管理事务。

3. 遗产管理人有其他无法继续履行遗产管理职责情形的。除上述两种情形外，自然人也可能由于其他原因难以继续担任遗产管理人。比如，自然人由于生病需要长期住院治疗，已无时间和精力履行遗产管理职责；自然人长期在境外工作、生活，远离主要遗产所在地，客观上已经不可能履行遗产管理职责；自然人因精神障碍，虽未丧失民事行为能力，但无法与他人正常交流沟通，不具备管理遗产的能力；自然人由于违法或者犯罪被羁押，失去人身自由，无法履行遗产管理职责；自然人下落不明，被宣告失踪，其自身财产还需要他人代管，不能继续担任遗产管理人；自然人由于种种原因，不愿意继续担任遗产管理人等。

（二）另行指定遗产管理人的程序

申请另行指定遗产管理人，与申请指定遗产管理人的程序一样，包括提出申请、审查核实和判决：

1. 提出申请。申请另行指定遗产管理人，也需要由当事人提出申请，需要注意的是，能够提出申请的不仅包括利害关系人，还包括遗产管理人本人。利害关系人认为人民法院原来指定的遗产管理人已经无法继续履行遗产管理职责时，为了维护自身利益，保护好遗产，有权向人民法院提出申请，请求人民法院另行指定适格的遗产管理人。同样，如果遗产管理人本人认为自己已无法履行遗产管理职责，也可以主动申请人民法院另行指定其他人担任遗产管理人。

2. 法院审查核实。人民法院受理当事人提出的另行指定遗产管理人申请后，应当结合当事人提交的证据，对当事人提出的更换遗产管理人事由进行审查核实，审查原先指定的遗产管理人是否已经无力继续履行遗产管理职责。比如，原遗产管理人是否已经死亡或者终止，是否已经完全丧失或者部分丧失民事行为能力，是否存在其他无法履职的事由。如果人民法院经审查，发现申请人并非对遗产管理人是否能够继续履职存在争议，而是对遗产管理人提出的遗产分配方案存在争议，认为其违反法律的规定分配遗产，则这种情形属于当事人对实体民事权益存在争议，根据本次修改后的《民事诉讼法》第一百八十六条的规定，人民法院应当裁定终结遗产管理指定程序，告知当事人另行起诉。

3. 判决另行指定。人民法院经审查核实，如果确认申请人主张符合客观事实，遗产管理人确已无法继续履行遗产管理职责，则应当依法判决另行指定其他人担任遗产管理人。如果申请人的主张没有事实依据，则应当依法判决驳回其申请。同样，对于人民法院作出的判决，当事人也是不能上诉的。

**第一百九十七条** 遗产管理人违反遗产管理职责，严重侵害继承人、受遗赠人或者债权人合法权益的，人民法院可以根据利害关系人的申请，撤销其遗产管理人资格，并依法指定新的遗产管理人。

● 释 义

本条是关于撤销遗产管理人资格的规定。

作为管理被继承人遗产的人，遗产管理人应当勤勉尽职，像善良管理人一样管理好被继承人遗留的财产，在法律规定的权限范围内实施遗产管理行为。《民法典》不仅规定了遗产管理人的职责，还规定了其违反法定职责的责任。本条规定的是遗产管理人未尽到管理义务时利害关系人的程序性救济方式。

(一) 遗产管理人的法定职责

遗产管理人确定后，为管理遗产就要实施各种管理行为，法律一般都会明确遗产管理人职责的权限和范围。我国《民法典》第一千一百四十七条对遗产管理人的职责作了规定。根据《民法典》的规定，遗产管理人的职责包括六个方面：

1. 清理遗产并制作遗产清单。遗产管理人要管理遗产，首先就必须掌握被继承人所遗留的遗产有哪些。清理遗产就是要清查整理被继承人遗留的所有遗产，既包括动产，也包括不动产；既包括有形财产，也包括无形资产；既包括债权，也包括债务。清理遗产还包括应当将被继承人的个人财产与家庭共有财产予以区分，将个人财产与夫妻共同财产予以区分。遗产管理人在清理遗产后，应当制作书面的遗产清单，详细列明被继承人遗留的所有财产情况、债权债务情况等。

2. 向继承人报告遗产情况。遗产管理人清理遗产并制作遗产清单后，应当向全体继承人报告遗产情况。需要注意的是，遗产管理人应当以书面形式作出报告。除被继承人在遗嘱中有特别要求之外，遗产管理人应当向继承人全面报告遗产情况，即把所有的遗产情况告知全体继承人。

3. 采取必要措施防止遗产毁损、灭失。遗产管理人不仅需要清点遗产，还需要承担起积极妥善保管遗产的职责。在发现遗产存在毁损、灭失的风险时，应采取必要的措施防止遗产毁损、灭失。遗产管理人在接管遗产后，应当妥善保管遗产，这是遗产管理人最基本的职责。遗产的毁损、灭失包括两种情况：第一种是物理上的毁损、灭失。第二种是法律上的毁损、灭失。比如，遗产中的部分动产遭受侵权威胁，或者被侵权人占有，甚至被犯罪分子盗窃等，遗产的完整权利受到威胁，此时遗产管理人也应当采取必要的法律措施，确保遗产不遭受非法侵害。

4. 处理被继承人的债权债务。遗产不仅包括各种动产、不动产，还包括被继承人所享有的各种债权。遗产管理人的职责之一就是处理被继承人的债权债务。遗产管理人在清理遗产时，发现被继承人生前享有债权的，应当依法向债务人主张债权。在分割遗产之前，遗产管理人还应当清偿被继承人生前所负债务。

5. 按照遗嘱或者依照法律规定分割遗产。遗产管理人的最终任务就是分割遗产。如果被继承人生前留下了遗嘱，遗产管理人应当根据被继承人所立遗嘱处理遗产。如果被继承人生前没有留下遗嘱的，遗产管理人则需要按照法定继承的相关规则来分割遗产。

6. 实施与管理遗产有关的其他必要行为。遗产管理人除了实施前面五项管理遗产的必要行为之外，还应当实施其他与管理遗产有关的必要行为，如参与涉及遗产的有关事项、对遗产情况开展必要的调查等。

这些职责是所有遗产管理人的法定职责，包括人民法院指定的遗产管理人、立遗嘱人指定的遗嘱执行人和继承人推选的遗产管理人，都必须履行这些法定职责。

(二) 撤销的范围与事由

根据本条规定，遗产管理人违反法定职责，严重侵害继承人、受遗赠人或者债权人合法权益的，利害关系人就可以申请人民法院撤销遗产管理人资格。

1. 撤销的范围。根据本条规定，只要遗产管理人违反法定职责，符合法定条件，利害关系人即可以申请人民法院撤销其遗产管理人资格。本条规定的遗产管理人并未作特别限定，因此既包括人民法院指定的遗产管理人，也包括被继承人自己选定的遗嘱执行人、继承人推选的遗产管理人；既包括担任遗产管理人的自然人，也包括担任遗产管理人的法人。

2. 撤销的事由。根据本条规定，申请撤销遗产管理人资格，需要满足两个方面的条件：第一，遗产管理人违反法定职责。遗产管理人的法定职责包括前述六个方面，遗产管理人必须按照法律规定履行职责，怠于履行或者不履行法定职责，都可能造成遗产的损失或者减少，损害利害关系人的权益。遗产管理人违反法定职责，不论其在主观上是故意还是过失，只要其违反了法定职责即可。遗产管理人违反法定职责，既可以是积极的作为，也可以是消极的不作为。比如，遗产管理人不制作遗产管理清单，就是不作为。再如，遗产管理人明明知道债务人迟迟不履行债务，却不及时向债务人主张权利，导致债权超过诉讼时效，这也属于消极不作为，没有及时处理被继承人的债权债务。第二，遗产管理人的行为严重侵害利害关系人的合法权益。遗产管理人的行为必须达到一定程度，利害关系人才能申请人民法院撤销其资格，根据本条规定，就是要严重损害利害关系人的合法权益。如果遗产管理人的行为并未造成利害关系人权益的严重损害，则不符合申请撤销的条件。所谓严重侵害，就是遗产管理人的行为导致遗产价值重大贬损或者灭失，或者被继承人的重大债权未能依法追回，或者导致受遗赠人未能获得受遗赠的财产，或者导致债权人的债权遭受重大损失等。当然，利害关系人的合法权益遭受重大损失与遗产管理人违反法定职责之间必须有因果关系，这些损失必须是由于遗产管理人怠于履行或者未履行职责造成的。

（三）撤销程序

利害关系人申请撤销遗产管理人资格，同样需要向人民法院提出申请，人民法院经审查核实后依法作出判决。

1. 申请人的范围。根据本条规定，有权申请人民法院撤销遗产管理人资格的主体包括三类：第一类是继承人。继承人有权继承遗产，因此，与遗产的利害关系甚为密切，遗产管理人是否尽心履职，直接关系到继承人的继承权能否实现以及实现的程度。继承人的继承权因为遗产管理人的行为受到不利影响的，应当赋予其救济渠道，维护其继承权。当然，如果继承人已经根据《民法典》第一千一百二十四条的规定书面声明放弃继承，则遗产的多寡有无与其已经没有利害关系，其自然也就无权申请撤销遗产管理人资格。如果继承人未就是否放弃继承作出任何意思表示，根据《民法典》的规定视为接受继承，因此，这类继承人在遗产处理期间有权提出申请。第二类是受遗赠人。受遗赠人是根据遗嘱或者遗赠扶养协议，被继承人遗产的赠与对象。受遗赠人作为潜在的接收遗产的人，遗产管理得是否妥当，也会直接影响其合法权益，在遗产管理人不履行法定职责严重侵害其权益时，法律也有必要赋予其申请撤销遗产管理人的资格。当然，根据《民法典》第一千一百二十四条的规定，受遗赠人应当在知道受遗赠后六十日内作出接受或者放弃受遗赠的表示，到期未表示的视为放弃受遗赠。因此，受遗赠人申请撤销遗产管理人的前提是，其在法定期限内作出了接受遗赠的意思表示。因为只有其接受遗赠，遗产才与其有直接的利害关系。第三类是债权人。根据《民法典》第一千一百五十九条的规定，分割遗产前，应当清偿被继承人的债务。如果遗产管理人不管理好遗产，可能导致遗产减少或者灭失，进而使得被继承人生前所负债务无法偿还，损害债权人的权利。遗产管理人的履职行为与债权人存在直接的利害关系。

2. 提出撤销申请。由于申请旨在撤销遗产管理人资格，因此，此类案件的被申请人就是现有的遗产管理人。当事人如果认为遗产管理人未履行法定职责，也应当依法向人民法院提出书面申请，写清楚当事人的基本信息、申请撤销遗产管理人的事由。申请中应当详细陈述遗产管理人未履行什么法定职责，遗产管理人的行为造成的继承人、受遗赠人或者债权人的重大损失有哪些。同时，应当提供证明遗产管理人失职行为的证据材料。

3. 审查核实。人民法院在依法受理当事人的申请后，同样应当审查核实遗产管理人是否存在违反法定职责的行为，其行为是否损害了利害关系人的合法权益，造成的损害是否重大，遗产管理人失职行为与损害结果之间是否存在因果关系。当然，需要注意的是，如果利害关系人认为遗产管理人的行为已经对自己的合法权益造成损害，仅要求遗产管理人承担赔偿责任,根据本次修改后的《民事诉讼法》第一百八十六条的规定,人民法院应当裁定终结遗产管理人指定程序,告知当事人另行起诉。

4. 判决撤销资格,并重新指定。人民法院经审查核实,认定遗产管理人存在违反法定职责的情形,且确实已严重损害利害关系人的合法权益的,人民法院应当依法作出判决,判决事项包括两个方面:一是撤销遗产管理人资格,即依法取消原先遗产管理人管理遗产的法律资格,这种撤销自判决生效时即发生法律效力。二是重新指定遗产管理人。利害关系人申请撤销遗产管理人并非根本目的,只有重新指定更为称职的遗产管理人才能真正维护其合法权益。因此,人民法院应当判决指定新的遗产管理人。对于人民法院判决撤销遗产管理人资格的判决,当事人也是不能上诉的。

八、将第二百七十二条改为第二百七十六条,修改为:"因涉外民事纠纷,对在中华人民共和国领域内没有住所的被告提起除身份关系以外的诉讼,如果合同签订地、合同履行地、诉讼标的物所在地、可供扣押财产所在地、侵权行为地、代表机构住所地位于中华人民共和国领域内的,可以由合同签订地、合同履行地、诉讼标的物所在地、可供扣押财产所在地、侵权行为地、代表机构住所地人民法院管辖。

"除前款规定外,涉外民事纠纷与中华人民共和国存在其他适当联系的,可以由人民法院管辖。"

### 释 义

本条是关于对在我国领域内没有住所的被告提起除身份关系以外的涉外民事诉讼案件行使特殊地域管辖的规定。

涉外民事诉讼管辖直接关系国家主权，它是国家主权在涉外民事诉讼中的具体体现。管辖问题也涉及人民法院的审判活动和当事人的诉讼活动能否顺利进行、国际民商事纠纷能否得到及时和正确的解决。因适用不同法律会带来不同的判决结果，会直接影响我国当事人的财产利益和其他权益，因此，涉外民事诉讼管辖与维护我国当事人的合法权益也密切相关。所以，正确确定涉外民事诉讼管辖对国家和当事人都有着非常重要的意义。我国实行对外开放以后，随着涉外案件的增多，涉外司法审判工作进一步开展，实践中常常遇到涉外案件的管辖权问题。为了明确我国对涉外案件的管辖权，使人民法院在审理涉外民事案件中有所依据，也为了使涉外民事诉讼当事人在进行诉讼时有所遵循，《民事诉讼法》专门作出了涉外案件管辖的规定。

随着对外开放战略的深入推进，我国海外利益不断拓展，需要构建更为积极开放的管辖制度。本次修改《民事诉讼法》，对涉外民事诉讼管辖制度作了较大的修改和完善，以更好地平等保护中外当事人诉权，切实维护我国主权、安全、发展利益。

修改前的《民事诉讼法》第二百七十二条规定，因合同纠纷或者其他财产权益纠纷，对在中华人民共和国领域内没有住所的被告提起的诉讼，如果合同在中华人民共和国领域内签订或者履行，或者诉讼标的物在中华人民共和国领域内，或者被告在中华人民共和国领域内有可供扣押的财产，或者被告在中华人民共和国领域内设有代表机构，可以由合同签订地、合同履行地、诉讼标的物所在地、可供扣押财产所在地、侵权行为地或者代表机构住所地人民法院管辖。本次《民事诉讼法》修改，主要对上述条文作了以下三处调整：一是扩展了人民法院对涉外民事纠纷行使特殊地域管辖的案件类型，修改前的《民事诉讼法》对在我国领域内没有住所的被告，只是规定人民法院对"合同纠纷或者其他财产权益纠纷"可以行使特殊地域管辖，根据修改后的《民事诉讼法》的规定，对在我国领域内没有住所的被告，人民法院可对除身份关系以外的涉外民事纠纷行使特殊地域管辖；二是对相关表述作了精简，直接规定对在我国领域内没有住所的被告提起除身份关系以外的诉讼，如果合同签订地、合同履行地、诉讼标的物所在地、可供扣押财产所在地、侵权行为地、代表机构住所地位于我国领域内，即可以作为人民法院管辖的依据；三是增加了一款规定作为第二款，除本条第一款规定外，涉外民事纠纷与我国存在其他适当联系的，人民法院也可以对其行使管辖权。

在理解本条时，要注意以下几点：

一是本条的适用前提为因涉外民事纠纷，对在我国领域内没有住所的被告提起除身份关系以外的诉讼。在涉外民事案件中，被告一方在我国领域内没有住所是经常出现的情况，如果被告在我国领域内有住所，不论其国籍如何，我国人民法院均有管辖权，被告住所地与经常居住地不一致的，只要其经常居住地在我国领域内，我国人民法院也可以行使管辖权。本条涉及的纠纷种类限于除身份关系以外的涉外民事纠纷，涉及身份关系的涉外民事案件的管辖应当按照《民事诉讼法》第二章的规定确定。根据《民事诉讼法》第二十三条的规定，对不在中华人民共和国领域内居住的人提起的有关身份关系的诉讼，由原告住所地人民法院管辖；原告住所地与经常居住地不一致的，由原告经常居住地人民法院管辖。

二是适用本条的管辖依据有合同签订地、合同履行地、诉讼标的物所在地、可供扣押财产所在地、侵权行为地、代表机构住所地。为了便于人民法院对被告在我国领域内无住所的涉外民事案件行使审判权，《民事诉讼法》对因涉外民事纠纷提起的诉讼，而被告在我国领域内又没有住所的案件的管辖依据作了明确规定：(1) 如果合同签订地与合同履行地在我国领域内，可以由合同签订地或者履行地人民法院管辖。(2) 如果诉讼标的物所在地、可供扣押财产所在地在我国领域内，可以由诉讼标的物所在地、可供扣押财产所在地人民法院管辖。诉讼标的物所在地和可供扣押财产所在地是确定涉外民事纠纷管辖权的重要依据。诉讼标的物位于一国领域之内，就意味着与该国有客观的、空间上的联系，这也是一国行使管辖权的重要依据。可供扣押财产一般指被告的财产，尽管它可能与诉讼争议并无直接联系，但许多国家都将其作为确立管辖权规则的基础之一，这是因为只有有效控制被告的财产，才能保证判决有可能被实际执行，适应审判实践的需要。(3) 如果侵权行为地在我国领域内，可以由侵权行为地人民法院管辖。侵权行为地的确定往往是侵权案件管辖权的一个重要问题。在我国，侵权行为案件的管辖权也在不断地发展变化，某些特定类型侵权案件的管辖权呈逐步扩大的趋势。《最高人民法院关于适用〈中华人民共和国民事诉讼法〉的解释》规定,侵权行为地,包括侵权行为实施地、侵权结果发生地。该解释还规定,信息网络侵权行为实施地包括实施被诉侵权行为的计算机等信息设备所在地,侵权结果发生地包括被侵权人住所地。此外,还有一些司法解释对侵权行为地作了扩大解释。例如,《最高人民法院关于审理侵害信息网络传播权民事纠纷案件适用法律若干问题的规定》规定,侵害信息网络传播权民事纠纷案件由侵权行为地或者被告住所地人民法院管辖。侵权行为地包括实施被诉侵权行为的网络服务器、计算机终端等设备所在地。侵权行为地和被告住所地均难以确定或者在境外的,原告发现侵权内容的计算机终端等设备所在地可以视为侵权行为地。(4)如果被告在我国领域内设有代表机构,可以由代表机构住所地人民法院管辖。根据本条规定,被告在我国领域内设有代表机构是构成我国法院对涉外民事纠纷行使管辖权的依据。根据《外国企业常驻代表机构登记管理条例》的规定,外国企业常驻代表机构,是指外国企业依照该条例规定,在中国境内设立的从事与该外国企业业务有关的非营利性活动的办事机构。代表机构不具有法人资格。

三是除了本条第一款规定的管辖依据以外,涉外民事纠纷与我国存在其他适当联系的,可以由人民法院管辖。这是本次《民事诉讼法》修改新增加的一款规定,增加"其他适当联系"这一管辖依据,作为人民法院行使涉外民事案件管辖权的兜底条款。对于确需人民法院行使保护性管辖权的案件,可以适用该款行使管辖权,坚定维护我国主权、安全、发展利益。

对于何为"适当联系",目前我国其他法律中没有明确规定,但司法实践中已经予以采用。确立"适当联系"这一管辖依据,将为适当扩大我国法院的管辖权提供具有一定弹性的管辖依据。

**九、增加一条,作为第二百七十七条:"涉外民事纠纷的当事人书面协议选择人民法院管辖的,可以由人民法院管辖。"**

● 释 义

本条是关于涉外协议管辖的规定。

本条是此次修改《民事诉讼法》新增加的条文,旨在建立符合我国国情、顺应国际趋势的涉外协议管辖制度。

协议管辖,又称合意管辖或者约定管辖,是指双方当事人在纠纷发生之前或发生之后,以合意方式约定解决纠纷的管辖法院。协议选择管辖法院是意思自治原则在民事诉讼领域的延伸和体现,有助于实现当事人双方诉讼机会的均等。协议选择管辖,已为当今世界许多国家和地区在立法和司法实践中所肯定。协议选择管辖法院在我国的民事诉讼实践中,也具有十分重要的意义。通过允许当事人双方选择处理争议的法院,让当事人选择对收集证据、安排证人出庭、出席法庭辩论等更有利的法院来审理纠纷,不仅有利于圆满解决纠纷,而且增加了诉讼及裁判结果的确定性、可预见性和可执行性,避免因管辖权的争议而延误纠纷的解决,有助于保障交易安全和交易双方的合法权益。

我国《民事诉讼法》中关于协议管辖制度的规定经历了一些变化。1991年《民事诉讼法》第二十五条规定："合同的双方当事人可以在书面合同中协议选择被告住所地、合同履行地、合同签订地、原告住所地、标的物所在地人民法院管辖，但不得违反本法对级别管辖和专属管辖的规定。"第二百四十四条规定："涉外合同或者涉外财产权益纠纷的当事人，可以用书面协议选择与争议有实际联系的地点的法院管辖。选择中华人民共和国人民法院管辖的，不得违反本法关于级别管辖和专属管辖的规定。"2012年修改《民事诉讼法》时，删除了1991年《民事诉讼法》第二百四十四条关于涉外协议管辖的规定，将涉外协议管辖和非涉外协议管辖统一规定于第三十四条，修改为："合同或者其他财产权益纠纷的当事人可以书面协议选择被告住所地、合同履行地、合同签订地、原告住所地、标的物所在地等与争议有实际联系的地点的人民法院管辖，但不得违反本法对级别管辖和专属管辖的规定。"也就是说，涉外民事诉讼中，合同或者其他财产权益纠纷的当事人可以依据2012年《民事诉讼法》第三十四条的规定，书面协议选择被告住所地等与争议有实际联系的地点的管辖法院。

在本次修改《民事诉讼法》时，很多意见提出，根据2012年《民事诉讼法》的规定，适用协议管辖制度的涉外案件仅限于合同或者其他财产权益纠纷，当事人须选择与争议有实际联系的地点的人民法院，且不得违反级别管辖和专属管辖的规定，这在司法实践中对我国法院的涉外管辖权造成了一定限制：一是协议管辖制度仅限于涉外合同或者其他财产权益纠纷，其他类型的涉外纠纷无法适用协议管辖制度；二是双方均为外国当事人，主动协议选择我国法院管辖涉外民商事案件，但我国与争议无实际联系，则无法行使管辖权，不利于我国打造国际民商事争议解决的优选地；三是即使争议与我国存在实际联系，但由于争议标的额有时预先不能确定，有时协议选择人民法院管辖的条款可能因违反《民事诉讼法》有关级别管辖的规定而被认定无效。由于《民事诉讼法》涉外编主要调整我国与其他国家或者不同法域之间的司法管辖问题，不宜简单套用修改前《民事诉讼法》第三十五条的规定来限制涉外协议管辖条款的效力，有必要单独构建涉外协议管辖机制。为此，本次《民事诉讼法》修改在涉外编管辖一章单独增加了涉外协议管辖的规定。

需要重点把握的是，涉外民事诉讼的协议管辖与国内民事诉讼的协议管辖存在以下不同之处：一是在适用范围上，国内民事诉讼的协议管辖仅限于合同或者其他财产权益纠纷，而涉外民事诉讼的协议管辖就没有适用范围上的限制，不仅合同或者其他财产权益纠纷的当事人可以协议选择管辖法院，其他类型的涉外民事纠纷的当事人也可以协议选择管辖法院。二是在选择管辖法院的连接点上，国内民事诉讼中的当事人可以协议选择的法院应当是被告住所地、合同履行地、合同签订地、原告住所地、标的物所在地等与争议有实际联系的地点的人民法院，而涉外民事诉讼中的当事人在协议选择法院时没有这方面的限制。尊重当事人协议选择法院的意思自治、弱化实际联系的要求是国际民事诉讼的发展趋势。《海事诉讼特别程序法》第八条明确规定，海事纠纷的当事人都是外国人、无国籍人、外国企业或者组织，当事人书面协议选择中华人民共和国海事法院管辖的,即使与纠纷有实际联系的地点不在中华人民共和国领域内,中华人民共和国海事法院对该纠纷也具有管辖权。我国的海事法院在司法实践中依据该条规定受理并审结了多起双方均为外国当事人主动协议选择我国海事法院管辖的案件。我国于2017年签署的《选择法院协议公约》也未要求争议与协议选择的法院有实际联系。为此,本条规定涉外民事纠纷的当事人书面协议选择我国法院管辖的,可以由我国法院行使管辖权,不受"实际联系"原则对协议管辖的限制性要求,以鼓励外国当事人选择我国法院管辖,充分体现我国尊重当事人意思自治、平等保护、宽容、自信、开放的司法态度。

在如何确定由国内哪一个法院具体行使管辖权方面,国内民事诉讼协议管辖制度不仅要求所选择的法院与争议有实际联系,还要求所选择的法院不能违反级别管辖和专属管辖的规定,而涉外民事诉讼协议管辖却没有作出这种限制规定。本条之所以未规定当事人协议选择我国法院时"不得违反本法对级别管辖和专属管辖的规定",一方面是考虑到本条主要是解决与我国法院无实际联系的涉外民事纠纷的当事人协议选择我国法院管辖时,我国法院的涉外民事诉讼管辖权问题;另一方面也是为了尊重当事人选择我国法院的意愿,最大程度地保障当事人的选择落地,避免外国当事人因不了解我国关于级别管辖和专属管辖的相关规定,而造成管辖协议被认定为无效的情形。值得注意的是,本条未作出这方面的限制性规定,并不意味着涉外民事诉讼中的当事人在协议选择管辖法院时可以不适用《民事诉讼法》有关级别管辖和专属管辖的规定,而是首先尊重当事人选择我国法院进行管辖的意愿，将管辖权先"拿进来"，至于确定我国法院的涉外民事诉讼管辖权后，由国内哪一法院具体行使管辖权，应再依据《民事诉讼法》有关级别管辖、专门管辖等规定来确定具体的管辖法院。如果涉外民事诉讼的当事人协议选择了我国国内的某个具体的法院，而这一法院在受理后发现根据争议标的的性质和标的额，由其受理案件不符合《民事诉讼法》或者其他法律关于级别管辖或者专门管辖的规定，可以依据《民事诉讼法》有关移送管辖和指定管辖的规则确定具体的管辖法院。

此外，涉外民事纠纷的当事人在协议选择管辖法院时，应当采用书面形式，这与国内民事诉讼协议管辖的要求一致。这是协议管辖的形式要件，要求当事人双方必须以书面合同的形式选择管辖法院，口头协议无效。从形式上，书面协议可以采取合同书的形式，包括书面合同中的协议管辖条款，也可以采取信件和数据电文（包括电报、电传、传真、电子数据交换和电子邮件）等可以有形地表现当事人双方协议选择管辖法院的意思表示并可以随时调取查用的形式。从协议内容上，应当体现当事人双方选择管辖法院的真实意愿，一方不能将自己的意志强加给另一方，如果管辖协议不符合民事法律行为效力的有关规定，将被认定为无效或者可撤销。双方当事人订立有效的选择管辖法院的协议后，当然可以在双方协商一致的情况下，变更已经选择的管辖法院，选择其他法院处理争议。

**十、增加一条,作为第二百七十八条**:"当事人未提出管辖异议,并应诉答辩或者提出反诉的,视为人民法院有管辖权。"

## ● 释 义

本条是关于涉外应诉管辖的规定。

本条是此次修改《民事诉讼法》新增加的条文,旨在建立符合我国国情、顺应国际趋势的涉外应诉管辖制度。

应诉管辖,学理上也称为默示或者拟制的合意管辖,是指根据国际条约或者国内立法,民事案件的被告不抗辩法院无管辖权而出庭应诉并进行答辩或者提出反诉,因而确定法院管辖权的制度。从国外许多国家民事诉讼的立法情况来看,设立完善的应诉管辖制度不仅可以为当事人减少诉累,也为法院管辖赋予正当的法律依据,从而起到节省司法资源,体现公正与效率的积极作用。德国《民事诉讼法》第三十九条规定,一审程序中,被告不主张管辖错误而进行本案的言辞辩论时,也可以发生管辖权。日本《民事诉讼法》第十二条规定,如果被告就案件实体问题进行口头抗辩或者在未提起管辖权异议的情况下在预备性程序中发表声明,则日本法院享有管辖权。

对于应诉管辖制度,修改前的《民事诉讼法》在非涉外编已经作出了规定,修改前的《民事诉讼法》第一百三十条第二款规定,当事人未提出管辖异议,并应诉答辩的,视为受诉人民法院有管辖权,但违反级别管辖和专属管辖规定的除外。根据《最高人民法院关于适用〈中华人民共和国民事诉讼法〉的解释》的规定,当事人未提出管辖异议,就案件实体内容进行答辩、陈述或者反诉的，可以认定为修改前的《民事诉讼法》第一百三十条第二款规定的应诉答辩。修改前的《民事诉讼法》中的应诉管辖的适用范围并未区分国内民事案件和涉外民事案件。

本次修改《民事诉讼法》时，有的意见提出，修改前的《民事诉讼法》第一百三十条第二款规定在适用涉外民事案件时存在以下问题：一是在法律条文中缺乏被告提出反诉情形下应视为同意法院管辖的规定。在涉外民事诉讼中，只要被告不对一国法院提出管辖异议，并应诉答辩或者提起反诉，即视为其承认该国法院的管辖权。二是不得违反级别管辖和专属管辖的规定不符合涉外民事审判的实际情况。一国法院取得管辖权后，有关级别管辖和专属管辖问题可通过国内管辖规则来解决。为了顺应涉外民事管辖权规则和国内民事管辖权规则有所区别的特点，本次涉外编修改对涉外民事管辖权制度作了修改完善，对涉外管辖权采取相对集中的立法模式，增强涉外管辖权制度的明确性、可预见性和可操作性。为此，在涉外编管辖这一章中新增关于涉外应诉管辖的规定。

在适用本条时需要注意，即便涉外民事案件的当事人在我国法院起诉时，我国法院无管辖权，如果案件当事人未提出管辖异议，并应诉答辩或者提出反诉的，那么我国法院便享有管辖权。在确定我国法院的涉外民事管辖权后，如果发现该受理案件的法院不符合《民事诉讼法》中有关级别管辖、专属管辖等的规定，那么就应该再依据《民事诉讼法》中的有关规定来确定具体的管辖法院并进行移送。

十一、将第二百七十三条改为第二百七十九条，修改为："下列民事案件，由人民法院专属管辖：

"（一）因在中华人民共和国领域内设立的法人或者其他组织的设立、解散、清算，以及该法人或者其他组织作出的决议的效力等纠纷提起的诉讼；

"（二）因与在中华人民共和国领域内审查授予的知识产权的有效性有关的纠纷提起的诉讼；

"（三）因在中华人民共和国领域内履行中外合资经营企业合同、中外合作经营企业合同、中外合作勘探开发自然资源合同发生纠纷提起的诉讼。"

● 释　义

本条是关于涉外专属管辖的规定。

本次修改《民事诉讼法》，对涉外专属管辖的案件范围作了扩张，除因在中华人民共和国领域内履行中外合资经营企业合同、中外合作经营企业合同、中外合作勘探开发自然资源合同发生纠纷提起的诉讼外，新增两类涉外专属管辖的案件类型：一是因在中华人民共和国领域内设立的法人或者其他组织的设立、解散、清算，以及该法人或者其他组织作出的决议的效力等纠纷提起的诉讼；二是因与在中华人民共和国领域内审查授予的知识产权的有效性有关的纠纷提起的诉讼。

涉外专属管辖，是指对某些特定类型的涉外民事案件，法律强制规定只能由国内法院行使独占的管辖权。凡是属于我国法律专属管辖的涉外民事案件，只能由我国人民法院行使管辖权，外国法院没有管辖权。当事人双方也无权以协议或者约定的方式变更管辖法院。

修改前的《民事诉讼法》第二百七十三条规定，因在中华人民共和国履行中外合资经营企业合同、中外合作经营企业合同、中外合作勘探开发自然资源合同发生纠纷提起的诉讼，由中华人民共和国人民法院管辖。本次修改《民事诉讼法》，立足我国现实利益需要，结合各国立法实践，增加了两类我国法院专属管辖的涉外民事案件的类型，进一步扩大了我国法院对特定类型案件行使排他性的司法管辖权的范围。

根据本条，对下列三类涉外民事案件，由我国人民法院行使专属管辖：

一是因在我国领域内设立的法人或者其他组织的设立、解散、清算，以及该法人或者其他组织作出的决议的效力等纠纷提起的诉讼。

与在我国领域内设立的法人及其他组织的民事权利能力直接相关的纠纷，如该组织的设立、解散、清算等，由于法人和其他组织的民事权利能力来源于国家公权力的确认，与登记设立地的法律密切相关，往往涉及我国的公共秩序，宜由我国法院专属管辖。对于法人或者其他组织作出的决议的效力等纠纷，一般认为这些组织所在国的法院是最有利于解决这些纠纷的法院，因为与该法人或者其他组织有关的相关信息往往在该国进行通知或发布，该法人或者其他组织所作出的决议的效力往往要依据其所在国的法律判断等，因此对于在我国领域内设立的法人或者其他组织作出的决议的效力等涉外纠纷，也宜由我国法院专属管辖。很多大陆法系国家和地区也都有对法人及其他组织的设立、解散、清算纠纷以及所作决议的效力纠纷行使专属管辖的立法例。例如，欧盟《布鲁塞尔条例I》（重订版）第二十四条第二项规定，以公司、其他法人组织、自然人社团、法人社团的有效成立、撤销或解散，或以其机关的决议的有效性为标的的诉讼，由该公司、法人组织或社团所在地的成员国法院专属管辖。

二是因与在我国领域内审查授予的知识产权的有效性有关的纠纷提起的诉讼。

知识产权的地域性原则是知识产权法最重要的原则之一。大多数国家在国内立法中规定注册性知识产权的效力性争议由本国法院专属管辖。欧盟《布鲁塞尔条例I》（重订版）第二十四条第四项规定，有关专利、商标、外观设计或必须备案或注册的其他类似权利的注册或效力的诉讼，由备案或注册的申请提出地、备案或注册地、或按照本联盟文件或国际公约视为备案或注册地的成员国法院专属管辖。韩国《国际私法法典》第十条第一款第四项也规定，因注册或托管产生的知识产权已在大韩民国注册或申请注册时，有关该知识产权的产生、有效性或消灭的诉讼，由韩国法院专属管辖。由于专利、商标等知识产权源于国家的授予，我国法院对因与在我国领域内审查授予的知识产权的有效性有关的纠纷引起的涉外诉讼进行专属管辖，具有必要性和正当性，有利于充分保护我国知识产权权利人的合法权益，有助于提升我国解决知识产权纠纷的质效，强化对我国知识产权的司法保护，为提升我国知识产权的国际竞争力提供法律保障。

立法过程中，有的部门提出，根据我国《商标法》《专利法》等有关知识产权法律的规定，对知识产权有效性的认定由有关知识产权行政主管部门负责，对其作出的认定不服的，应向人民法院提起行政诉讼。需要注意的是，本项所规定的"因与在中华人民共和国领域内审查授予的知识产权的有效性有关的纠纷提起的诉讼"必须是民事案件，这一规定并不改变目前有关知识产权法律中所规定的就知识产权有效性认定最终提起行政诉讼的做法。至于何为"知识产权的有效性有关的纠纷"，由人民法院在审判实践中根据案件情况具体把握。

三是因在我国领域内履行中外合资经营企业合同、中外合作经营企业合同、中外合作勘探开发自然资源合同发生纠纷提起的诉讼。

《民法典》第四百六十七条第二款规定，在中华人民共和国境内履行的中外合资经营企业合同、中外合作经营企业合同、中外合作勘探开发自然资源合同，适用中华人民共和国法律。这里所说的适用我国法律，包括适用我国法律中的实体法和程序法。本条规定在程序法中明确了在我国履行上述涉外合同发生纠纷提起的诉讼，由我国人民法院专属管辖，排除了其他任何国家的法院对此类案件的管辖权。中外合资经营企业、中外合作经营企业具有中国法人资格，中外合作勘探开发自然资源合同涉及国家主权，理应受到我国法律的保护，也应当由我国法院专属管辖。同时，合同纠纷诉讼由与合同有最密切联系的国家的法院管辖，这也是国际公认的一条原则，也是其他国家民事诉讼法律在合同纠纷诉讼管辖问题上所依据的一项基本准则。在我国履行中外合资经营企业合同、中外合作经营企业合同、中外合作勘探开发自然资源合同，与我国有着最为密切的联系，并且在我国履行上述合同还往往涉及在我国领域内的不动产以及我国的自然资源。根据合同纠纷案件由与合同有最密切联系地点的法院管辖，以及不动产诉讼唯有不动产所在地法院才有管辖权的原则，在我国履行上述涉外合同而发生的诉讼，应由我国人民法院专属管辖，这也是国家主权原则的体现。

对于以上三类专属管辖案件，我国人民法院享有绝对的管辖权，不能由其他任何国家的法院管辖，也不允许当事人协议选择其他国家的法院管辖。

十二、增加一条，作为第二百八十条："当事人之间的同一纠纷，一方当事人向外国法院起诉，另一方当事人向人民法院起诉，或者一方当事人既向外国法院起诉，又向人民法院起诉，人民法院依照本法有管辖权的，可以受理。当事人订立排他性管辖协议选择外国法院管辖且不违反本法对专属管辖的规定，不涉及中华人民共和国主权、安全或者社会公共利益的，人民法院可以裁定不予受理；已经受理的，裁定驳回起诉。"

● 释　义

本条是关于平行诉讼的一般规定。

本条为新增条款，主要是对平行诉讼的法院管辖权问题进行规范。

所谓平行诉讼，是指相同当事人就同一争议基于相同事实以及相同目的在两个以上国家或地区的法院进行诉讼的现象。平行诉讼的产生与平行管辖紧密相连。平行管辖是指国家在主张对某些种类的涉外民事案件具有管辖权的同时，并不否认外国法院对此类案件的管辖权，由此，就会导致平行诉讼的产生。在涉外民事诉讼中，因各国涉外民事管辖权的扩展和延伸、当事人出于自身利益挑选法院以及国际社会缺乏民事诉讼管辖权协调机制等原因，平行诉讼现象呈高发态势。平行诉讼虽然可以使当事人获得更多的诉讼机会，使当事人能够获得必要的、对其更为有利的司法救济手段，但另一方面，也会产生多个判决的矛盾、冲突，导致司法资源的浪费、不公等问题，不仅影响当事人的个人利益，也影响到社会公共利益。此外，平行诉讼也会给国际司法协助，尤其是判决的承认与执行带来许多问题。因此，有必要在法律层面上规定协调平行诉讼的相关措施。

本条明确了规范平行诉讼的一般规则。主要包括以下三个方面：

一是对于什么是平行诉讼，本条明确规定有两种情形：一种为当事人之间的同一纠纷，一方当事人向外国法院起诉，另一方当事人向我国法院起诉；另一种为当事人之间的同一纠纷，一方当事人既向外国法院起诉，又向我国法院起诉。

二是对于平行诉讼的立场，本条规定如果我国法院依据我国法律有管辖权的，我国法院可予受理，不因外国法院已受理而让渡我国的司法管辖权。

三是充分尊重当事人的意思自治，承认当事人协议管辖的效力。对于当事人订立排他性管辖协议选择外国法院且不违反本法对专属管辖的规定，不涉及我国主权、安全或者社会公共利益的，我国法院可以不行使管辖权。在涉外民事诉讼中，管辖协议分为排他性和非排他性两类。排他性管辖协议兼具授权和排他双重功能，授予当事人协议选择的法院管辖权的同时，排除其他未选法院的管辖。非排他性管辖协议不具有排他功能，是在充分尊重当事人自由处分权的基础上授予多个国家法院管辖权，最后，管辖权的确定还需根据其他限制性条件判定。根据本条规定，在平行诉讼中，只有当事人订立排他性管辖协议选择外国法院管辖，我国法院才可以不行使管辖权。如果当事人订立了非排他性管辖协议，未排除我国法院的管辖权，那么对于这种情况中的平行诉讼，我国法院仍可以行使管辖权。这里需要强调的是，当事人尽管可以通过订立排他性管辖协议选择外国法院管辖，但这种排他性的管辖协议不能违反本法对专属管辖的规定，不能涉及我国的主权、安全或者社会公共利益，否则这种管辖协议将被认定为无效。

十三、增加一条，作为第二百八十一条："人民法院依据前条规定受理案件后，当事人以外国法院已经先于人民法院受理为由，书面申请人民法院中止诉讼的，人民法院可以裁定中止诉讼，但是存在下列情形之一的除外：

"（一）当事人协议选择人民法院管辖，或者纠纷属于人民法院专属管辖；

"（二）由人民法院审理明显更为方便。

"外国法院未采取必要措施审理案件，或者未在合理期限内审结的，依当事人的书面申请，人民法院应当恢复诉讼。

"外国法院作出的发生法律效力的判决、裁定，已经被人民法院全部或者部分承认，当事人对已经获得承认的部分又向人民法院起诉的，裁定不予受理；已经受理的，裁定驳回起诉。"

● 释 义

本条是关于平行诉讼处理措施的规定。

本条为新增条款，主要规定的是为协调平行诉讼，我国法院所采取的处理措施。

平行诉讼在给当事人提供更多诉讼机会的同时，也会带来一些司法资源的浪费，加重当事人的诉讼负担，加剧涉外民事诉讼管辖权的冲突。因此，对平行诉讼进行合理规制有着重要的实践意义。很多国家的立法和国际公约都规定了协调平行诉讼的措施，主要有两种模式：一种为"承认先受理法院管辖权的模式"，如《1968年布鲁塞尔公约》第二十一条与《布鲁塞尔条例Ⅰ》（重订版）第二十七条便采用这种模式，即在成员国法院之间，受理在后的法院主动中止程序，受理在先的法院管辖权一旦确定，任何其他受理的法院均应放弃管辖权，由受理在先的法院审理；另一种模式为"预期承认模式"，即如果本国法院预期外国法院的判决可以被本国法院所承认，则本国法院可以中止本国的诉讼。如《瑞士联邦国际私法法规》第九条第一款规定："相同当事人间具有同一表达诉讼已在外国法院提起但尚未判决时，如果可预见外国法院在合理的期限内将作出能在瑞士得到承认的判决，瑞士法院即应中止诉讼。"该条第三款规定："能够在瑞士得到承认的外国判决一经呈递于瑞士法院，瑞士法院应驳回在瑞士的诉讼。"

在本条规定以前，我国法律对如何解决平行诉讼问题没有明确规定。《最高人民法院关于适用〈中华人民共和国民事诉讼法〉的解释》第五百三十一条规定："中华人民共和国法院和外国法院都有管辖权的案件，一方当事人向外国法院起诉，而另一方当事人向中华人民共和国法院起诉的，人民法院可予受理。判决后，外国法院申请或者当事人请求人民法院承认和执行外国法院对本案作出的判决、裁定的，不予准许；但双方共同缔结或者参加的国际条约另有规定的除外。外国法院判决、裁定已经被人民法院承认，当事人就同一争议向人民法院起诉的，人民法院不予受理。"根据这一规定，人民法院可以受理一方当事人的起诉，而不论另一方当事人是否已在他国起诉，或者他国法院是否已经受理当事人之间的纠纷。在我国法院作出判决后，外国法院申请或者当事人请求人民法院承认和执行外国法院对本案作出的判决、裁定的，应当不予准许。

在就平行诉讼问题设置法律规范时，尽管维护本国的司法管辖权是非常重要的，但是也需要兼顾国际礼让原则在解决管辖权冲突中的重要作用，考虑国际合作与互助的必要性。为了最大限度在国际交往层面稳定社会秩序，减少不必要的司法资源浪费，本条借鉴相关条约和国家立法所采取的模式，规定在平行诉讼中，如果外国法院先于人民法院受理案件，并且当事人以此为由向人民法院申请中止诉讼的，人民法院可以裁定中止诉讼。但是在下列情况下，人民法院不能裁定中止诉讼，而应当继续审理：第一种情况为当事人协议选择人民法院管辖，在这种情况下，人民法院应当充分尊重当事人的意思自治，根据管辖协议的约定行使管辖权；第二种情况为纠纷属于人民法院专属管辖，在这种情况下我国法律排除了其他外国法院对此类纠纷的管辖权；第三种情况为由人民法院审理明显更为方便，相同当事人的同一纠纷起诉至我国法院或外国法院时，如果相比而言，诉讼与我国联系更密切，证据在我国的可获得性更大，判决在我国的可执行性更大等由我国人民法院审理明显更方便时，法院不应中止诉讼，而应继续审理。

根据本条第二款、第三款规定，人民法院中止诉讼后，应根据外国法院受理案件后的不同情况采取不同的措施：如果外国法院未采取必要措施审理案件，或者未在合理期限内审结的，那么为了保护当事人的利益，依当事人的书面申请，人民法院应当恢复诉讼，及时解决纠纷；如果外国法院受理案件后作出了发生法律效力的判决、裁定，并已经被我国法院全部或者部分承认，相关争议我国法院不再受理；已经受理的，驳回起诉。

十四、增加一条，作为第二百八十二条："人民法院受理的涉外民事案件，被告提出管辖异议，且同时有下列情形的，可以裁定驳回起诉，告知原告向更为方便的外国法院提起诉讼：

"（一）案件争议的基本事实不是发生在中华人民共

和国领域内,人民法院审理案件和当事人参加诉讼均明显不方便;

"(二)当事人之间不存在选择人民法院管辖的协议;

"(三)案件不属于人民法院专属管辖;

"(四)案件不涉及中华人民共和国主权、安全或者社会公共利益;

"(五)外国法院审理案件更为方便。

"裁定驳回起诉后,外国法院对纠纷拒绝行使管辖权,或者未采取必要措施审理案件,或者未在合理期限内审结,当事人又向人民法院起诉的,人民法院应当受理。"

## 释 义

本条是关于不方便法院原则的规定。

本条为新增条款,主要是对不方便法院原则进行规范,以更好地协调平行诉讼,体现我国注重国际礼让和合作、提升纠纷解决效率的立场。

不方便法院原则是解决平行诉讼管辖权冲突的手段之一,是指在被告提出管辖异议的情况下,一国受理案件的法院认为该案件由其审理以及当事人参加诉讼均存在不方便的情形,而外国法院审理更为方便时,可以拒绝行使管辖权,并告知当事人向更为方便的外国法院提起诉讼。不方便法院原则已被不少国际条约和国家立法所采纳,体现了一国注重国际礼让的司法立场,有助于涉外案件审判执行效率的提升。

适用本条，需要注意把握以下几个方面：

一是在被告提出管辖异议的情况下，法院经审查，认为案件同时具备第一款所列五种情形的，可以适用不方便法院原则。

二是案件争议的基本事实不是发生在我国领域内，人民法院审理案件和当事人参加诉讼均明显不方便。在这种情况下，如果仍由我国法院审理，不仅会增加法院的工作负担，造成司法资源浪费，还会给当事人带来不便，加重当事人的负担。

三是案件由外国法院审理不损害国家利益、不违反法律规定。案件不涉及我国主权、安全或者社会公共利益，案件不属于人民法院专属管辖，当事人之间不存在选择人民法院管辖的协议时，人民法院适用不方便法院原则，告知原告向更为方便的法院起诉的，才不会损害国家利益，才不会违反我国法律关于专属管辖和协议管辖的规定。

四是外国法院审理案件更为方便。法律上没有对"审理案件更为方便"的标准作出规定，一般而言，法官可以根据当事人参加诉讼是否方便、证据的可获得性、判决的可执行性、争议发生地在何处、语言因素、法律适用方面等来综合考量由哪个法院审理更加方便。

在被告提出管辖异议，法院根据不方便法院原则裁定驳回起诉，告知原告向更为方便的法院起诉以后，如果外国法院对纠纷拒绝行使管辖权，或者未采取必要措施审理案件，或者未在合理期限内审结，在此情况下如果当事人又向人民法院起诉的，人民法院应当受理。这意味着，如果人民法院适用不方便法院原则驳回起诉后且纠纷未在外国法院得到适当解决时，当事人可以通过在国内法院起诉得到救济。

**十五、将第二十五章章名修改为"送达、调查取证、期间"。**

● 释 义

本条是对《民事诉讼法》第二十五章章名的修改,与原章名相比,增加了"调查取证"。

域外调查取证,是我国涉外民事案件司法协助制度的重要组成部分,其与域外送达,外国法院生效判决、裁定及外国仲裁裁决的承认与执行,共同构成涉外民事案件司法协助制度的主要内容。在本次修改之前,《民事诉讼法》对于域外调查取证并无具体规定,仅在第二十七章"司法协助"作了部分原则性规定。修改前《民事诉讼法》第二百八十三条第一款规定,根据中华人民共和国缔结或者参加的国际条约,或者按照互惠原则,人民法院和外国法院可以相互请求,代为送达文书、调查取证以及进行其他诉讼行为。第二百八十四条第二款规定,外国驻中华人民共和国的使领馆可以向该国公民送达文书和调查取证,但不得违反中华人民共和国的法律,并不得采取强制措施;第三款规定,除前款规定的情况外,未经中华人民共和国主管机关准许,任何外国机关或者个人不得在中华人民共和国领域内送达文书、调查取证。

本次修改《民事诉讼法》,专门增加一条规定,对于域外调查取证的方式作了具体规定。修改决定第十七条规定,增加一条,作为第二百八十四条:"当事人申请人民法院调查收集的证据位于中华人民共和国领域外,人民法院可以依照证据所在国与中华人民共和国缔结或者共同参加的国际条约中规定的方式，或者通过外交途径调查收集。在所在国法律不禁止的情况下，人民法院可以采用下列方式调查收集：（一）对具有中华人民共和国国籍的当事人、证人，可以委托中华人民共和国驻当事人、证人所在国的使领馆代为取证；（二）经双方当事人同意，通过即时通讯工具取证；（三）以双方当事人同意的其他方式取证。"由于增加的该条规定在体例上属于第二十五章，因此本次修改将《民事诉讼法》第二十五章的章名修改为"送达、调查取证、期间"。

**十六、将第二百七十四条改为第二百八十三条，修改为："人民法院对在中华人民共和国领域内没有住所的当事人送达诉讼文书，可以采用下列方式：

"（一）依照受送达人所在国与中华人民共和国缔结或者共同参加的国际条约中规定的方式送达；

"（二）通过外交途径送达；

"（三）对具有中华人民共和国国籍的受送达人，可以委托中华人民共和国驻受送达人所在国的使领馆代为送达；

"（四）向受送达人在本案中委托的诉讼代理人送达；

"（五）向受送达人在中华人民共和国领域内设立的独资企业、代表机构、分支机构或者有权接受送达的业务代办人送达；

"（六）受送达人为外国人、无国籍人，其在中华人民共和国领域内设立的法人或者其他组织担任法定代表人或者主要负责人,且与该法人或者其他组织为共同被告的,向该法人或者其他组织送达;

"(七)受送达人为外国法人或者其他组织,其法定代表人或者主要负责人在中华人民共和国领域内的,向其法定代表人或者主要负责人送达;

"(八)受送达人所在国的法律允许邮寄送达的,可以邮寄送达,自邮寄之日起满三个月,送达回证没有退回,但根据各种情况足以认定已经送达的,期间届满之日视为送达;

"(九)采用能够确认受送达人收悉的电子方式送达,但是受送达人所在国法律禁止的除外;

"(十)以受送达人同意的其他方式送达,但是受送达人所在国法律禁止的除外。

"不能用上述方式送达的,公告送达,自发出公告之日起,经过六十日,即视为送达。"

● 释 义

本条是关于向在我国领域内没有住所的当事人送达诉讼文书方式的规定。

本次修改《民事诉讼法》,对涉外送达方式作了进一步修改完善,以丰富涉外送达手段,切实解决"送达难"这一制约涉外审判效率的"瓶颈"问题。在充分保障受送达人程序权利的前提下,优化涉外送达制度,回应中外当事人对程序效率的迫切需求，提升我国涉外争议解决机制的国际吸引力。

首先需要明确的是，本条规定的送达方式，只是在当事人在我国领域内没有住所的情况下采用。如果当事人在我国领域内有住所，即使是外国当事人，也仍应按照修改后的《民事诉讼法》第七章所规定的送达方式进行送达。反之，如果当事人在我国领域内没有住所而居住在国外，即使该当事人是中国国籍，也需要采用本条关于涉外送达所规定的送达方式进行送达。

根据本条规定，人民法院向在我国领域内没有住所的当事人送达传票、判决书、裁定书，以及起诉状和答辩状副本等诉讼文书，可以采用下述方式：

一是依照受送达人所在国与我国缔结或者共同参加的国际条约中规定的方式送达。

这一方式是人民法院向在我国领域内没有住所的当事人送达诉讼文书时首先应当考虑采用的方式。按照国际条约规定的方式送达诉讼文书，在手续上往往比通过外交途径送达简单。例如，我国于1991年加入的《1965年海牙送达公约》（以下简称《海牙送达公约》），对缔约国之间相互送达诉讼文书规定了以下主要方式：（1）由文书发出国的主管机关或者司法协理员将文书直接送交文书发往国的中央机关，请予协助送达；（2）由文书发出国的主管机关直接请求文书发往国的主管机关协助送达；（3）由文书发出国的驻外领事机构将文书送交驻在国的中央机关，请求协助送达。人民法院在向缔约另一方领域内送达诉讼文书时，即可采用该公约所规定的送达方式。

根据《最高人民法院、外交部、司法部关于执行〈关于向国外送达民事或商事司法文书和司法外文书公约〉有关程序的通知》的规定：（1）凡公约成员国驻华使、领馆转送该国法院或其他机关请求我国送达的民事或商事司法文书，应直接送交司法部，由司法部转递给最高人民法院，再由最高人民法院交有关人民法院送达给当事人。送达证明由有关人民法院交最高人民法院退司法部，再由司法部送交该国驻华使、领馆。（2）凡公约成员国有权送交文书的主管当局或司法助理人员直接送交司法部请求我国送达的民事或商事司法文书，由司法部转递给最高人民法院，再由最高人民法院交有关人民法院送达给当事人。送达证明由有关人民法院交最高人民法院退司法部，再由司法部送交该国主管当局或司法助理人员。（3）对公约成员国驻华使、领馆直接向其在华的本国公民送达民事或商事司法文书，如不违反我国法律，可不表示异议。（4）我国法院若请求公约成员国向该国公民或第三国公民或无国籍人送达民事或商事司法文书，有关中级人民法院或专门人民法院应将请求书和所送司法文书送有关高级人民法院转最高人民法院，由最高人民法院送司法部转送给该国指定的中央机关；必要时，也可由最高人民法院送我国驻该国使馆转送给该国指定的中央机关。（5）我国法院欲向在公约成员国的中国公民送达民事或商事司法文书，可委托我国驻该国的使、领馆代为送达。委托书和所送司法文书应由有关中级人民法院或专门人民法院送有关高级人民法院转最高人民法院，由最高人民法院径送或经司法部转送我国驻该国使、领馆送达给当事人。送达证明按原途径退有关法院。（6）我国与公约成员国签订有司法协助协定的，按协定的规定办理。

二是通过外交途径送达。

这是国际公认的一种最为正规的送达方式。在两国之间没有国际条约关系的情况下，即可采用这种方式。这一方式在人民法院的审判实践中经常使用。一般的做法是，需要送达的诉讼文书，经高级人民法院审查后，交由外交部转递受送达人所在国驻我国的外交机构，再由其转交该国外交机关，该国外交机关再转交该国司法机关，由该国司法机关送交受送达人。

根据《最高人民法院、外交部、司法部关于我国法院和外国法院通过外交途径相互委托送达法律文书若干问题的通知》规定，我国法院通过外交途径向国外当事人送达法律文书，应按下列程序和要求办理：（1）要求送达的法律文书须经省、自治区、直辖市高级人民法院审查，由外交部领事司负责转递。（2）须准确注明受送达人姓名、性别、年龄、国籍及其在国外的详细外文地址，并将该案的基本情况函告外交部领事司，以便转递。（3）须附有送达委托书。如对方法院名称不明，可委托当事人所在地区主管法院。委托书和所送法律文书还须附有该国文字或该国同意使用的第三国文字译本。如该国对委托书及法律文书有公证、认证等特殊要求，将由外交部领事司逐案通知。

三是对具有中国国籍的受送达人，可以委托我国驻受送达人所在国的使领馆代为送达。

采用这种送达方式，须在该中国籍受送达人驻在国允许我国使领馆直接送达的前提下，人民法院才可以委托我国驻该国使领馆送达。由使领馆向居住在国外的本国人送达诉讼文书，是通常使用的方法。不少国家的立法和国际条约中都有明文规定。我国与有关国家签订的司法协助协定，以及我国加入的《海牙送达公约》《维也纳领事关系公约》，都允许缔约国之间采用这种方式。

四是向受送达人在本案中委托的诉讼代理人送达。

修改前的《民事诉讼法》本项的表述为"向受送达人委托的有权代其接受送达的诉讼代理人送达"。在一般情况下，人民法院将需要送达的诉讼文书交给受送达人委托的诉讼代理人，即为送达完成。接受法院送达的司法文书是受送达人委托的诉讼代理人的当然义务。本次修改《民事诉讼法》过程中，有的意见提出，实践中出现了委托诉讼代理人提交的授权委托书载明"不包括接受司法文书"以逃避送达的情形，故此次修改将其修改为"向受送达人在本案中委托的诉讼代理人送达"。

五是向受送达人在中华人民共和国领域内设立的独资企业、代表机构、分支机构或者有权接受送达的业务代办人送达。

修改前的《民事诉讼法》本项的表述为"向受送达人在中华人民共和国领域内设立的代表机构或者有权接受送达的分支机构、业务代办人送达"。此次修改删除了"分支机构"前"有权接受送达的"表述，这主要是考虑到外国法人在我国领域内设立的分支机构并非独立法人，其有义务接受向外国法人送达的司法文书。此次修改还增加了"受送达人在我国领域内设立的独资企业"。比如，外国法人在我国领域内设立的独资企业，因其股东和日常经营管理人员全部来自外国法人的委派，因此规定可以向其独资企业送达，以提高送达效率。如果受送达人在我国领域内设有独资企业、代表机构、分支机构或

79

者其业务代办人有权接受送达，人民法院可以把诉讼文书送至该受送达人在我国领域内设立的独资企业、代表机构、分支机构或者有权接受送达的业务代办人，即为送达完成。这种方式，有利于人民法院方便、及时地将诉讼文书送达受送达人。

六是受送达人为外国人、无国籍人，其在中华人民共和国领域内设立的法人或者其他组织担任法定代表人或者主要负责人，且与该法人或者其他组织为共同被告的，向该法人或者其他组织送达。

本项为此次《民事诉讼法》修改新增加的规定。受送达人为外国人、无国籍人，其在我国领域内设立的法人或者其他组织担任法定代表人或者主要负责人，如果该法定代表人或者主要负责人与该法人或者其他组织因同一纠纷被诉而成为共同被告时，由于该自然人与该法人或者其他组织联系密切，且都是共同被告，因此规定向该法人或者其他组织送达，即视为对该外国人、无国籍人的替代送达完成，以提高送达的质效。

七是受送达人为外国法人或者其他组织，其法定代表人或者主要负责人在我国领域内的，向其法定代表人或者主要负责人送达。

本项为此次《民事诉讼法》修改新增加的规定。法定代表人或者主要负责人是依照法律或者章程，代表法人或者其他组织从事民事活动的负责人。因此，当外国法人或者其他组织的法定代表人或者主要负责人在我国领域内时，向其法定代表人或者主要负责人送达，即完成对该法人或者其他组织的替代送达。

八是受送达人所在国的法律允许邮寄送达的，可以邮寄送达，自邮寄之日起满三个月，送达回证没有退回，但根据各种情况足以认定已经送达的，期间届满之日视为送达。

采用这种方式的前提条件是，受送达人所在国不反对邮寄送达，才可以将诉讼文书直接邮寄给受送达人。如果受送达人所在国不允许邮寄送达，则不能采用这种方式。由于采用邮寄送达方式有时难以确认诉讼文书于何时送达到受送达人，因此本项还规定，自邮寄之日起满三个月，送达回证没有退回，但根据各种情况足以认定已经送达的，期间届满之日视为送达。

九是采用能够确认受送达人收悉的电子方式送达，但是受送达人所在国法律禁止的除外。

修改前的《民事诉讼法》本项表述为"采用传真、电子邮件等能够确认受送达人收悉的方式送达"。随着科技的发展，即时通讯软件的使用越来越广泛，司法实践中"移动微法院"等特定电子系统送达司法文书的效率也越来越高，可靠性不断增强。因此本条不再列举"传真、电子邮件"等具体方式，而是直接概括为"能够确认受送达人收悉的电子方式送达"，以拓展电子送达的途径。同时，增加规定使用电子方式送达，以不违反受送达人所在国禁止性法律规定为限。

十是以受送达人同意的其他方式送达，但是受送达人所在国法律禁止的除外。

本项为此次《民事诉讼法》修改新增加的规定。尊重当事人意思自治，赋予以受送达人同意的其他方式送达的法律效力，即只要受送达人所在国法律不禁止，受送达人同意以其他方式送达的，按照该方式送达时，送达完成。

本条第二款规定，不能用上述方式送达的，公告送达，自发出公告之日起，经过六十日，即视为送达。这种送达方式，是在其他方式都不能采用时才予以使用的一种送达方式，一般是在受送达人住所不明或者下落不明的情况下适用。一般的做法是，将需送达的诉讼文书制成公告内容，在人民法院的公告栏内张贴，并在我国对外发行的报纸上登载。待公告六十日的法定期间届满，即视为该诉讼文书的内容已经送达受送达人。

修改前的《民事诉讼法》对此表述为"不能用上述方式送达的，公告送达，自公告之日起满三个月，即视为送达"。本次修改《民事诉讼法》将"自公告之日起满三个月"修改为"自发出公告之日起，经过六十日"。公告送达是拟制送达，目前国内非涉外民事案件公告期限已经缩短为三十日，考虑到现代资讯传媒的发展，当事人通过公告媒介获取信息的周期大为缩短，且公告送达是人民法院在穷尽本条规定的其他送达方式后才会采用的送达方式，在整个诉讼中可能涉及不同阶段，需要多次送达，为提高诉讼效率，此次修改缩短了公告送达期限，优化了涉外公告送达规则。

**十七、增加一条，作为第二百八十四条：**"当事人申请人民法院调查收集的证据位于中华人民共和国领域外，人民法院可以依照证据所在国与中华人民共和国缔结或者共同参加的国际条约中规定的方式，或者通过外交途径调查收集。

"在所在国法律不禁止的情况下，人民法院可以采用下列方式调查收集：

"（一）对具有中华人民共和国国籍的当事人、证人，可以委托中华人民共和国驻当事人、证人所在国的使领馆代为取证；

"（二）经双方当事人同意，通过即时通讯工具取证；

"（三）以双方当事人同意的其他方式取证。"

## 释　义

本条为新增条款，是关于当事人申请人民法院调查收集的证据位于中华人民共和国领域外时，人民法院如何调查收集的规定。

域外调查取证，是我国涉外民事案件司法协助制度的重要组成部分，其与域外送达，外国法院判决、裁定及外国仲裁裁决的承认与执行，共同构成涉外民事案件司法协助制度的主要内容。《民事诉讼法》在"涉外民事诉讼程序的特别规定"一编专设"司法协助"一章，对司法协助的基本内容及相关程序性事项作了规定。尽管《民事诉讼法》对包括域外调查取证在内的司法协助事项的基本程序性规则作了规定，但具体到域外调查取证这一司法协助事项而言，诸如调查取证的对象、途径、具体方式等内容仍然未作明确。本次《民事诉讼法》修改过程中，有的意见提出，域外调查取证对于涉外案件审判过程中准确查明案件事实、正确适用法律具有重要意义，应当对域外调查取证的对象、具体方式等作出规定，补足这一司法协助制度的"短板"，更好发挥域外调查取证制度的功能作用，这也是完善我国民事诉讼制度涉外程序规则的应有之义。

本条第一款规定，当事人申请人民法院调查收集的证据位于中华人民共和国领域外，人民法院可以依照证据所在国与中华人民共和国缔结或者共同参加的国际条约中规定的方式，或者通过外交途径调查收集。该款规定对人民法院域外调查取证的基本方式作出规定，即可以依照证据所在国与中华人民共和国缔结或者共同参加的国际条约中规定的方式，也可以通过外交途径调查收集。在调查取证的国际公约方面，1970年3月18日，海牙国际私法会议签订了《关于从国外调取民事或商事证据的公约》（Convention on the Taking of Evidence Abroad in Civil or Commercial Matters，以下简称《海牙取证公约》），并于1972年10月7日生效。《海牙取证公约》共三章四十二条，主要内容包括"请求书""外交官员、领事代表和特派员取证""一般条款"。《海牙取证公约》规定，公约的签字国，希望便利请求书的转递和执行，并促进他们为此目的而采取的不同方法的协调，增进相互间在民事或商事方面的司法合作。同时，公约还规定了中心机构传递、执行请求所适用的法律、提出请求的司法机关在取证过程中的到场问题以及关于证人免于作证的义务等。1997年7月3日，八届全国人大常委会第二十六次会议决定，中华人民共和国加入1970年3月18日订于海牙的《海牙取证公约》。1997年12月8日，我国交存加入书。同时声明：1. 根据公约第二条，指定中华人民共和国司法部为负责接收来自另一缔约国司法机关的请求书，并将其转交给执行请求的主管机关的中央机关；2. 根据公约第二十三条声明，对于普通法国家旨在进行审判前文件调查的请求书，仅执行已在请求书中列明并与案件有直接密切联系的文件的调查请求；3. 根据公约第三十三条声明，除第十五条以外，不适用公约第二章的规定。我国作为《海牙取证公约》的加入国，在当事人申请人民法院调查收集的证据位于中华人民共和国领域外时，如果证据所在国也加入了《海牙取证公约》，则可以根据公约规定的具体程序和方式来进行调查取证。在实践层面，最高人民法院于2003年9月23日发布《最高人民法院办公厅关于指定北京市、上海市、广东省、浙江省、江苏省高级人民法院依据海牙送达公约和海牙取证公约直接向外国中央机关提出和转递司法协助请求和相关材料的通知》，指定部分高级人民法院就涉及《海牙取证公约》等的司法协助工作进行试点，由高级人民法院直接对公约成员国中央机关提出和转递司法协助请求书和相关材料。最高人民法院还通过《最高人民法院关于依据国际公约和双边司法协助条约办理民商事案件司法文书送达和调查取证司法协助请求的规定》，对人民法院依据国际公约和双边司法协助条约办理民商事案件司法文书送达及调查取证司法协助请求的具体规则予以明确。

如果中华人民共和国与证据所在国并未就调查取证的相关事项缔结双边条约，也未共同参加相关的国际条约，此时两国之间就涉外民事案件的调查取证问题，可以通过外交途径解决。关于通过外交途径调查取证的原则和具体程序，最高人民法院于2014年4月10日发布《最高人民法院关于调整通过外交途径转递民商事案件司法文书送达和调查取证请求程序的通知》，该通知规定："一、我国法院和与我国既没有双边条约关系，也没有海牙送达公约、海牙取证公约关系的国家的法院相互委托送达民商事案件司法文书和进行民商事案件调查取证，通过外交途径办理。二、自2014年5月1日起，我国法院通过外交途径委托外国法院送达民商事案件司法文书和调查取证，一律由高级法院审查合格后，报送我局审查。然后，由我局转递外交部领事司对外发出。外国法院通过外交途径委托我国法院送达民商事案件司法文书和调查取证，一律由外交部领事司转我局审查后，由我局转递相关高级人民法院进一步审查、办理。送达回证、送达证明和调查取证结果，通过原途径转回。三、2014年5月1日以前通过外交途径受理，尚未办理完毕的民商事案件司法文书送达和调查取证请求，仍按原转递程序办理。"

本条第二款规定了人民法院域外调查取证的方式。本款第一项为："对具有中华人民共和国国籍的当事人、证人，可以委托中华人民共和国驻当事人、证人所在国的使领馆代为取证。"理解本项规定，需要注意以下几点：一是采取委托使领馆代为取证方式的前提，必须是使领馆的驻在国法律未明确禁止此类取证方式。如果使领馆的驻在国法律明确禁止使领馆代为取证，则人民法院不得进行此类委托。否则，通过此方式获取的证据将可能会被使领馆驻在国认定为非法证据，进而影响人民法院判决在驻在国的承认与执行。二是使领馆受托代为取证的对象既包括证人，也包括当事人。修改后的《民事诉讼法》第六十六条规定，证据包括当事人的陈述、书证、物证、视听资料、电子数据、证人证言、鉴定意见、勘验笔录。因此，使领馆既可以通过向身处驻在国的证人调取证人证言的方式获得证据，还可以通过向身处驻在国的当事人调取当事人陈述作为案件审理的证据。这种方式因其操作的便捷，将大大提升调查取证的效率。三是采取此种方式调查取证，对象必须是具有我国国籍的当事人、证人，如果当事人、证人不具有我国国籍，则不能采用，这也与《海牙取证公约》等国际公约的做法保持了一致。本款第二项为："经双方当事人同意，通过即时通讯工具取证。"所谓即时通讯工具，是指能够即时发送和接收互联网消息的工具。即时通讯工具自诞生以来发展迅猛，功能也日渐丰富，时至今日已经不仅限于一种单纯的聊天工具，而是集成了电子邮件、博客、音视频通话、搜索等多种功能。我们常用的QQ、微信、微博等都属于即时通讯工具的范畴。在涉外民事案件的审理过程中，如果可以通过即时通讯工具来调查取证，相比传统的调查取证方式，无疑将大大提升效率，节约大量的人力、物力成本。同时，考虑到即时通讯工具毕竟作为一种新的调查取证方式刚刚出现，需要在提升调查取证效率与保障当事人诉讼权利之间做好平衡，本项要求通过即时通讯工具取证的，必须经过双方当事人的同意。本款第三项为兜底条款，即"以双方当事人同意的其他方式取证"。该规定主要为保证域外调查取证方式的开放性，在充分尊重当事人诉讼权利的基础上，允许通过双方均认可的其他方式调查取证。当然，本款第二项、第三项所规定的调查取证方式，同样应当尊重所在国的法律规定，不能为所在国法律所禁止，这也是尊重他国司法主权的必然要求。

十八、将第二百八十七条改为第二百九十七条，第二款修改为："在中华人民共和国领域内依法作出的发生法律效力的仲裁裁决，当事人请求执行的，如果被执行人或者其财产不在中华人民共和国领域内,当事人可以直接向有管辖权的外国法院申请承认和执行。"

● 释 义

本条是对修改前《民事诉讼法》第二百八十七条的修改,主要是将原条文第二款中"中华人民共和国涉外仲裁机构作出的发生法律效力的仲裁裁决"修改为"在中华人民共和国领域内依法作出的发生法律效力的仲裁裁决",同时对该款中的有关文字表述作了修改。

本款内容,主要规定的是在中华人民共和国领域内依法作出的发生法律效力的仲裁裁决请求承认和执行的方式,即:"在中华人民共和国领域内依法作出的发生法律效力的仲裁裁决,当事人请求执行的,如果被执行人或者其财产不在中华人民共和国领域内,当事人可以直接向有管辖权的外国法院申请承认和执行。"与判决、裁定的承认和执行相比,仲裁裁决的承认和执行问题既有相似之处,又有不同之处。相似的地方包括:一是仲裁裁决必须是已经发生法律效力的。根据《仲裁法》的规定,我国仲裁实行一裁终局制度,裁决书自作出之日起发生法律效力。二是仲裁裁决涉及的被执行人或者其财产不在中华人民共和国领域内。如果被执行人及其财产在我国领域内,则不存在需要外国法院承认和执行的问题。不同的地方在于:当事人针对生效仲裁裁决请求外国法院承认和执行的,直接由当事人向有管辖权的外国法院申请承认和执行,而不再通过人民法院请求外国法院承认和执行。这一规定与我国加入的有关国际公约及双边司法协助条约的规定是一致的。在仲裁裁决的承认和执行方面，1958年6月10日在纽约召开的联合国国际商事仲裁会议上签署了《承认及执行外国仲裁裁决公约》（以下简称《纽约公约》）。1986年12月2日，六届全国人大常委会第十八次会议决定我国加入《纽约公约》，我国政府于1987年1月22日递交了加入书，《纽约公约》自1987年4月22日对我国生效。该公约对我国生效时，世界上已有一百三十多个国家和地区加入了《纽约公约》，这为承认和执行外国仲裁裁决提供了保障和便利。

本次修改《民事诉讼法》，将当事人请求执行的仲裁裁决，由"中华人民共和国涉外仲裁机构作出的发生法律效力的仲裁裁决"修改为"在中华人民共和国领域内依法作出的发生法律效力仲裁裁决"，旨在与将来《仲裁法》的修改保持衔接。

一般认为，我国对于仲裁裁决籍属的认定，采用的是"仲裁机构所在地标准"。这一点与国际上对于仲裁裁决籍属认定的通行标准以及《纽约公约》的规定都不一致。比如，《纽约公约》第一条第三款规定，任何缔约国在签署、批准或者加入本公约或者根据第十条通知扩延的时候，可以在互惠的基础上声明，本国只对另一缔约国领土内所作成的仲裁裁决的承认和执行，适用本公约。《瑞典仲裁法》第五十二条规定：在瑞典国外作出的裁决应视为外国裁决。依照本法，裁决应视为在仲裁地所在国作出。

《仲裁法》修改已被列入十四届全国人大常委会立法规划和十四届全国人大常委会2023年度立法工作计划。在《仲裁法》研究修改过程中，一些意见认为，应当在《仲裁法》中对仲裁裁决籍属的认定加以明确，并建议采用《纽约公约》与国际上

89

多数国家和地区的做法,以"仲裁地标准"作为确定仲裁裁决籍属的标准。为与未来《仲裁法》的修改相衔接,本次《民事诉讼法》修改,将修改前《民事诉讼法》第二百八十七条第二款中的"中华人民共和国涉外仲裁机构作出的发生法律效力的仲裁裁决"修改为"在中华人民共和国领域内依法作出的发生法律效力的仲裁裁决"。这里的"依法"是指依据《仲裁法》的规定。

**十九、将第二百八十八条改为第二百九十八条,修改为:"外国法院作出的发生法律效力的判决、裁定,需要人民法院承认和执行的,可以由当事人直接向有管辖权的中级人民法院申请承认和执行,也可以由外国法院依照该国与中华人民共和国缔结或者参加的国际条约的规定,或者按照互惠原则,请求人民法院承认和执行。"**

● 释 义

本条是对修改前《民事诉讼法》第二百八十八条所作的修改,主要是将"中华人民共和国人民法院"简化表述为"人民法院",将"中华人民共和国有管辖权的中级人民法院"简化表述为"有管辖权的中级人民法院",与本章的其他相关表述保持一致。

外国法院作出的发生法律效力的判决、裁定,如果其执行涉及的人或者财产都在该国领域内,自然可依该外国法律的相关规定直接予以执行。如果外国法院作出的生效判决、裁定所涉及的被执行人或者其财产在我国领域内,则涉及外国法院生效判决、裁定的承认与执行问题。外国法院的生效判决、裁定，只有通过承认与执行程序获得我国司法上的认可，方可实现其裁判内容。在学理上，两国法院之间互相委托、承认和执行对方法院作出的生效判决、裁定和仲裁机构作出的裁决的制度，被称为特殊司法协助。之所以特殊，主要是因为涉及国家的民事审判制度、司法制度以及当事人的切身利益。因此，各国一般对此都规定了严格的承认和执行程序。

根据本条规定，外国法院作出的发生法律效力的判决、裁定需要我国人民法院承认和执行的，既可以由当事人直接向我国有管辖权的中级人民法院提出申请，也可以由作出生效判决、裁定的外国法院，依照该国与我国缔结或者参加的国际条约的规定，或者按照互惠原则，请求人民法院承认和执行。对于当事人直接申请承认与执行的，当事人应向我国有管辖权的中级人民法院提交承认与执行的申请书，人民法院接到申请书后，予以立案；对于外国法院请求承认与执行的，应向我国有管辖权的中级人民法院提交承认与执行的请求书，人民法院接到请求书后，予以立案。无论是当事人申请，还是外国法院请求，人民法院均须根据我国法律或者我国缔结或参加的国际条约的规定，或者按照互惠原则进行形式审查。如果经过审查，判决和裁定符合承认和执行条件的，裁定承认其效力，需要执行的，发出执行令，依照《民事诉讼法》第三编执行程序的规定予以执行；不符合承认和执行条件的，裁定不予承认和执行。

在外国法院民商事判决承认与执行的国际公约方面，2019年7月2日，海牙国际私法会议第22届外交大会在海牙闭幕，《承认与执行外国民商事判决公约》（Convention of 2 July 2019 on the Recognition and Enforcement of Foreign Judgments in Civil or Commercial Matters)的谈判宣告完成。包括我国在内的数十个国家虽然对公约文本进行了签署确认，但这仅意味着该公约的条款得到了海牙国际私法会议的确认，进而可以开放供各国签署，距离该公约的真正生效还尚有时日。就我国而言，目前尚未加入任何关于外国法院民商事判决承认与执行的公约。对于外国法院的生效判决、裁定，我国法院目前承认与执行的依据仅有两种：一是通过我国与其他国家签订的双边司法协助条约；二是依据互惠原则。就前者而言，我国目前与三十多个国家签署了包含承认与执行法院判决的双边条约；就后者而言，目前司法实践对于互惠原则的认定主要采"事实互惠"标准，即只有在请求国法院曾经承认和执行过我国法院判决的情况下才可考虑同意相关判决在我国的承认与执行请求。

需要说明一点，对于外国法院生效判决、裁定的承认与执行，应当严格按照本条确定的程序和原则把握。如果判决、裁定作出国与我国没有共同缔结或者参加国际条约，也不存在互惠关系，此时对于外国法院的判决、裁定的承认和执行，应当按照《最高人民法院关于适用〈中华人民共和国民事诉讼法〉的解释》的相关规定办理，即当事人向中华人民共和国有管辖权的中级人民法院申请承认和执行外国法院作出的发生法律效力的判决、裁定的，如果该法院所在国与中华人民共和国没有缔结或者共同参加国际条约，也没有互惠关系的，裁定驳回申请，但当事人向人民法院申请承认外国法院作出的发生法律效力的离婚判决的除外。承认和执行申请被裁定驳回的，当事人可以向人民法院起诉。与我国没有司法协助条约又无互惠关系的国家的法院，未通过外交途径，直接请求我国法院司法协助的，我国法院应予退回，并说明理由。

二十、将第二百八十九条改为第二百九十九条，修改为："人民法院对申请或者请求承认和执行的外国法院作出的发生法律效力的判决、裁定，依照中华人民共和国缔结或者参加的国际条约，或者按照互惠原则进行审查后，认为不违反中华人民共和国法律的基本原则且不损害国家主权、安全、社会公共利益的，裁定承认其效力；需要执行的，发出执行令，依照本法的有关规定执行。"

## 释 义

本条是对修改前《民事诉讼法》第二百八十九条的修改，主要是删除了原条文中"违反中华人民共和国法律的基本原则或者国家主权、安全、社会公共利益的，不予承认和执行"的表述，将不予承认和执行外国法院生效裁判的具体情形另作规定。

外国法院作出的发生法律效力的判决、裁定，无论是通过当事人申请承认和执行，还是通过该外国法院请求承认和执行，我国人民法院在收到申请或者请求后，都需要对该判决、裁定依据一定的原则和程序加以审查，进而判断是否对该判决、裁定予以承认和执行。根据本条规定，人民法院审查的依据是我国缔结或者参加的国际条约，或者按照互惠原则。如果经过审查，认为该判决、裁定不违反我国法律的基本原则且不损害国家主权、安全、社会公共利益,则可以通过裁定的方式承认其效力,需要执行的,发出执行令,依照《民事诉讼法》第三编执行程序的规定予以执行。本条与修改前的条文相比,删除了"违反中华人民共和国法律的基本原则或者国家主权、安全、社会公共利益的,不予承认和执行"的表述。这一修改,并不意味着对违反我国法律基本原则或者损害国家主权、安全、社会公共利益的判决、裁定不予承认和执行立场的放弃,而是在此基础上进一步完善对外国法院生效判决、裁定不予承认和执行的制度。修改后的《民事诉讼法》第三百条规定:"对申请或者请求承认和执行的外国法院作出的发生法律效力的判决、裁定,人民法院经审查,有下列情形之一的,裁定不予承认和执行:(一)依据本法第三百零一条的规定,外国法院对案件无管辖权;(二)被申请人未得到合法传唤或者虽经合法传唤但未获得合理的陈述、辩论机会,或者无诉讼行为能力的当事人未得到适当代理;(三)判决、裁定是通过欺诈方式取得;(四)人民法院已对同一纠纷作出判决、裁定,或者已经承认第三国法院对同一纠纷作出的判决、裁定;(五)违反中华人民共和国法律的基本原则或者损害国家主权、安全、社会公共利益。"这一修改丰富了不予承认和执行外国生效判决、裁定的具体情形,使得"不违反中华人民共和国法律的基本原则且不损害国家主权、安全、社会公共利益"不再成为承认和执行外国生效判决、裁定的唯一条件,如果该判决、裁定存在修改后的《民事诉讼法》第三百条规定的其他四项情形,人民法院也应当裁定不予承认和执行。

理解本条,还需要注意两点:一是我国人民法院对外国法院判决、裁定的审查，仅限于审查外国法院生效判决、裁定是否符合我国法律规定的承认和执行外国法院判决、裁定的条件，对判决、裁定中的事实认定和法律适用问题不予审查。二是承认外国法院的判决、裁定和执行外国法院的判决、裁定，是一个既有联系又有区别的问题。承认外国法院判决、裁定是认可外国法院判决、裁定在确定当事人权利义务方面与本国法院判决、裁定具有同等效力，是执行该判决、裁定的前提条件。但是，承认外国法院的判决、裁定并不意味着必然执行这一判决、裁定，只有具有执行内容的判决、裁定才发生执行的问题。例如，外国法院单纯准许离婚的判决（不涉及财产分割）、确认收养关系的判决等有关身份关系的判决，就只存在承认的问题，而不发生执行的问题。

二十一、增加一条，作为第三百条："对申请或者请求承认和执行的外国法院作出的发生法律效力的判决、裁定，人民法院经审查，有下列情形之一的，裁定不予承认和执行：

"（一）依据本法第三百零一条的规定，外国法院对案件无管辖权；

"（二）被申请人未得到合法传唤或者虽经合法传唤但未获得合理的陈述、辩论机会，或者无诉讼行为能力的当事人未得到适当代理；

"（三）判决、裁定是通过欺诈方式取得；

"（四）人民法院已对同一纠纷作出判决、裁定，或

者已经承认第三国法院对同一纠纷作出的判决、裁定;

"(五)违反中华人民共和国法律的基本原则或者损害国家主权、安全、社会公共利益。"

## ▶ 释 义

本条为新增条款,是关于人民法院对于外国法院生效判决、裁定不予承认和执行情形的规定。

根据修改后的《民事诉讼法》第二百九十九条规定,人民法院对于申请或者请求承认和执行的外国法院作出的发生法律效力的判决、裁定,依照中华人民共和国缔结或者参加的国际条约,或者按照互惠原则进行审查。同时,该条还明确,如该外国法院的判决、裁定不违反中华人民共和国法律的基本原则且不损害国家主权、安全、社会公共利益的,裁定承认其效力;需要执行的,发出执行令,依照本法的有关规定执行。该条从正面规定了对于外国法院作出的发生法律效力的判决、裁定可予承认和执行的条件,即不违反我国法律的基本原则且不损害国家主权、安全、社会公共利益。如果外国法院作出的发生法律效力的判决、裁定并未违反我国法律的基本原则或者损害国家主权、安全、社会公共利益,是否必然得到我国法院的承认和执行?本条规定对此问题作出了否定回答,并详细列明了在何种情形下,外国法院作出的发生法律效力的判决、裁定无法得到我国法院的承认和执行。

从国际上看,不少国际公约对于外国判决、裁定的不予承认和执行的情形作出了规定。比如,2005年6月30日通过的《选择法院协议公约》(我国于2017年9月12日签署,尚未批准）第九条规定：承认或者执行可以被拒绝，如果：（一）该协议根据被选择法院国法律是无效的，除非被选择法院已确定该协议是有效的；（二）根据被请求国法律，一方当事人缺乏缔结该协议的能力；（三）提起诉讼的文书或者同等文件，包括请求的基本要素：1. 没有在足够的时间内以一定方式通知被告使其能够安排答辩，除非被告在原审法院出庭并答辩，且在原审国法律允许就通知提出异议的条件下，被告未就原审法庭的通知问题提出异议；2. 在被请求国通知被告的方式与被请求国有关文书送达的基本原则不符；（四）该判决是通过与程序事项有关的欺诈获得的；（五）承认或者执行将会与被请求国的公共政策明显相悖，包括导致该判决的具体诉讼程序不符合被请求国程序公正基本原则的情形；（六）该判决与被请求国就相同当事人间争议作出的判决相冲突；（七）该判决与较早前第三国就相同当事人间就相同诉因所作出的判决相冲突，且该较早判决满足在被请求国得到承认所必需的条件。2019 年 7 月 2 日通过的《承认与执行外国民商事判决公约》（我国尚未批准）第七条规定：一、存在下列情形的，可以拒绝承认和执行：（一）提起诉讼的文书或同等文书，包括诉讼请求的本质要素：1. 没有在足够的时间内以一定方式通知被告使其能够安排答辩，除非被告在原审法院出庭，且在原审国法律允许就通知提出异议的条件下，被告未就原审法庭的通知问题提出抗辩；或者2. 在被请求国通知被告的方式与被请求国有关文书送达的基本原则不符；（二）判决是通过欺诈获得的；（三）承认或者执行将会与被请求国的公共政策明显相悖，包括作出该判决的具体诉讼程序不符合被请求国程序公正的基本原则以及侵犯该国主权和安全的情形；（四）原审国的诉讼与当事人协议或信托文书的指定相悖，根据该文书，争议应该由其他国家法院解决，而并非原审国法院；（五）该判决与被请求国法院就相同当事人间争议作出的判决相冲突；（六）该判决与较早前第三国法院就相同当事人间就相同标的所作出的判决相冲突，且较早判决满足在被请求国得到承认所必需的条件。二、如果相同当事人关于相同标的的诉讼在被请求国法院正在进行中，在下述情形下，可以拒绝或者延迟承认或者执行：（一）被请求国法院先于原审法院受理案件；且（二）争议和被请求国有紧密的联系。依本款的拒绝并不阻止之后申请承认或执行判决。在双边司法协助方面，目前我国与三十九个国家签订了涉及民商事司法协助的双边协定，已经生效三十八项，其中三十四项规定了外国法院判决承认和执行的条件。

参照有关国际公约、我国签订的双边司法协助协定及各国立法实践的规定，本条对于我国法院审查认定不予承认和执行外国法院判决、裁定的情形作了具体规定：

第一项是外国法院对案件无管辖权。外国法院如对案件无权行使管辖，其作出的判决、裁定不应得到承认与执行应为当然之理。问题在于，外国法院对于案件有无管辖权的判断标准应该如何确定？一种观点认为，应以判决作出国法律作为判断标准；另一种观点认为，完全依据判决作出国法律判断案件有无管辖权，有可能出现外国法院通过"长臂管辖"滥用管辖权的情况，因此应以执行地国法律作为判断标准。对此问题，修改后的《民事诉讼法》第三百零一条专门作出规定，明确了应当认定外国法院对案件无管辖权的具体情形。因此，如果符合修改后的《民事诉讼法》第三百零一条所规定的情形之一，则我国法院应当认定外国法院对案件无管辖权，该外国法院作出的发生法律效力的判决、裁定也应被裁定不予承认和执行。

第二项是被申请人未得到合法传唤或者虽经合法传唤但未获得合理的陈述、辩论机会，或者无诉讼行为能力的当事人未得到适当代理。当事人参加诉讼，应当享有平等的诉讼权利，同时，在诉讼中要允许其充分陈述、辩论，这有助于准确查明案件事实，正确适用法律，从而形成公正裁判。修改后的《民事诉讼法》第八条规定："民事诉讼当事人有平等的诉讼权利。人民法院审理民事案件，应当保障和便利当事人行使诉讼权利，对当事人在适用法律上一律平等。"第十二条规定："人民法院审理民事案件时，当事人有权进行辩论。"人民法院在审查外国法院发生法律效力的判决、裁定时，如果发现在形成该判决、裁定的诉讼程序中，被申请人并未得到合法传唤或者虽经合法传唤但未获得合理的陈述、辩论机会，或者无诉讼行为能力的当事人未得到适当代理，这都意味着被申请人的诉讼权利没有得到充分保障，在此基础上作出的生效判决、裁定无疑损害了被申请人的合法权益，不应得到承认和执行。

第三项是判决、裁定是通过欺诈方式取得。该项也是国际上较为公认的应当不予承认和执行判决、裁定的情形。判决、裁定如果是通过欺诈方式取得的，不仅可能损害对方当事人的合法权益，更是对司法秩序和司法权威的损害。修改后的《民事诉讼法》第一百一十五条规定："当事人之间恶意串通，企图通过诉讼、调解等方式侵害国家利益、社会公共利益或者他人合法权益的，人民法院应当驳回其请求，并根据情节轻重予以罚款、拘留；构成犯罪的，依法追究刑事责任。当事人单方捏造民事案件基本事实，向人民法院提起诉讼，企图侵害国家利益、社会公共利益或者他人合法权益的，适用前款规定。"如果外国法院作出的发生法律效力的判决、裁定是通过欺诈方式取得，我国法院可以通过裁定不予承认和执行的方式表达对其否定的立场。

第四项是人民法院已对同一纠纷作出判决、裁定，或者已经承认第三国法院对同一纠纷作出的判决、裁定。与上述三种情形不同，该项所规定的对外国法院发生法律效力的判决、裁定不予承认和执行的情形，并非因为该判决、裁定本身系违反法定程序所作出，而是因为该判决、裁定涉及的同一纠纷在此之前已由我国法院作出了判决、裁定，或者虽然不是我国法院作出裁判，但已经承认第三国法院对该纠纷作出的判决、裁定。在前一种情况下，因我国法院已对纠纷作出裁判，当事人可以依据本法有关规定申请执行；在后一种情况下，我国法院通过承认第三国法院的判决、裁定，即已认可第三国对纠纷作出的裁判，无须再对申请或者请求承认和执行的外国法院作出的生效判决、裁定予以承认和执行。

第五项是违反中华人民共和国法律的基本原则或者损害国家主权、安全、社会公共利益。该项也是国际上各国对于外国判决、裁定不予承认和执行的通行规定。如果外国法院作出的发生法律效力的判决、裁定与我国法律的基本原则相悖，或者判决、裁定损害了我国的国家主权、安全、社会公共利益，显然不应得到承认和执行，否则会极大冲击我国法律的基本原则，损害我国的国家利益。在本次民事诉讼法修改前，该项实际上是判断外国法院生效判决、裁定是否应予承认和执行的实质标准。法律修改后，该项规定仍然发挥着判断外国法院发生法律效力的判决、裁定是否应予承认和执行的"安全阀"作用，即一项外国法院发生法律效力的判决、裁定，即使不存在本条前四项规定的情形，但经审查后发现其存在违反我国法律的基本原则或者损害国家主权、安全、社会公共利益情形的，依然应当裁定不予承认和执行。

**二十二、增加一条，作为第三百零一条**："有下列情形之一的，人民法院应当认定该外国法院对案件无管辖权：

"（一）外国法院依照其法律对案件没有管辖权，或者虽然依照其法律有管辖权但与案件所涉纠纷无适当联系；

"（二）违反本法对专属管辖的规定；

"（三）违反当事人排他性选择法院管辖的协议。"

● 释 义

本条为新增条款，是关于人民法院认定外国法院对案件无管辖权情形的规定。

修改后的《民事诉讼法》第三百条明确了对申请或者请求承认和执行的外国法院作出的发生法律效力的判决、裁定，人民法院在哪些情形下裁定不予承认和执行。其中第一项为"依据本法第三百零一条的规定，外国法院对案件无管辖权"。由此，外国法院对案件无管辖权作为外国法院发生法律效力的判决、裁定不予承认和执行的情形被确定下来。由此而来的问题是，如何判断外国法院对案件是否具有管辖权？具体而言，在哪些情形下应当认定外国法院对案件不具有管辖权？本条即对此作出规定。

一国法院依据某种标准，对原审国法院是否对案件具有管辖权作出审查，这是外国法院民商事判决得到承认与执行的基础，学理上称之为"间接管辖权"制度。间接管辖权是外国法院判决承认与执行的基本条件之一，被请求国法院可以通过判断原审国法院的管辖权是否合理来避免承认与执行原审国法院不合理的判决。在间接管辖权制度中，最为重要的问题是审查间接管辖权的准据法，即应当适用哪个国家的法律去判定原审国法院对案件有无管辖权。对此，国际社会主要有两种做法：一是一般情形下应当依据判决作出国的法律来审查，但违反被请求国专属管辖规定的除外。采取此种立法例的国家有印度、巴基斯坦、缅甸、爱尔兰、卢森堡等，我国与俄罗斯、白俄罗斯、乌克兰、哈萨克斯坦、吉尔吉斯斯坦、乌兹别克斯坦、塔吉克斯坦、希腊之间的双边司法协助协定也采取此种模式。二是适用被请求国法律作为审查依据，如德国、委内瑞拉、保加利亚等，我国与法国、蒙古国、罗马、古巴、保加利亚、摩洛哥、立陶宛、朝鲜、巴西、阿根廷、阿尔及利亚之间的双边司法协助协定采取此种模式。此外，实践中还存在同时依据判决作出国和被请求国的法律来审查间接管辖权的做法，但此种双重审查的做法大大增加了审查难度，目前仅法国等极少数国家采用。从国内目前对此问题的研究来看，两种做法各有拥趸，但反对者也均不在少数。支持依据判决作出国法律审查间接管辖权的观点认为，此种做法更符合常理，因为外国法院在作出生效裁判时，只能依据本国法律对其有无管辖权加以判断，苛求其在作出裁判时知晓被请求国法律的管辖权判断规则是不合理的，也不符合国际礼让的原则；支持依据被请求国法律审查间接管辖权的观点则认为，被请求国作为审查生效裁判承认与执行的主体，当然应当依据自己国家的法律规则审查外国法院的管辖权合法与否，进而将其作为判定是否承认与执行外国法院生效裁判的前提。如完全依据判决作出国法律判定管辖权，则可能存在与被请求国法律中确定管辖的原则相冲突，进而有损被请求国司法主权的情形。

本条第一项对此问题作出明确规定，外国法院依照其法律对案件没有管辖权，或者虽然依照其法律有管辖权但与案件所涉纠纷无适当联系的，人民法院应当认定该外国法院对案件无管辖权。由此规定可以看出，本法对于审查间接管辖权的准据法问题，对上述两种模式作了折中，即原则上应依照判决作出国法律来判断外国法院对案件是否具有管辖权，但如果外国法院与案件所涉纠纷没有适当联系，则即使依照其法律有管辖权也应被判定为该外国法院对案件无管辖权。

理解本项，需要注意以下两点：一是审查外国法院间接管辖权的准据法，原则上是判决作出国法律，即如果依照判决作出国法律认定外国法院对案件有管辖权，则我国法院在对外国法院作出的生效裁判进行审查时，应当首先认可外国法院的管辖权；反之，如果依照判决作出国法律外国法院对案件无管辖权，则不应当认可其管辖权。二是即使依照判决作出国法律外国法院对案件有管辖权，我国法院也未必一定认可这种管辖权的有效性。如果我国法院经过对外国法院生效裁判的审查，发现该外国法院与案件所涉纠纷不存在适当联系的，我国法院最终也不认可其管辖权。这意味着，在外国法院间接管辖权的判定问题上，我国所采取的是一种既积极又稳妥的方案，一方面认可外国法院可依照其自身法律判定对案件有无管辖权，另一方面又从维护国家主权、安全和社会公共利益的角度，对此设置了"安全阀"，通过规定"适当联系"原则，将间接管辖权的最终判定权把握在我国自己手中。本项当中所规定的"适当联系"原则，与修改后的《民事诉讼法》第二百七十六条第二款中的"适当联系"应作同样理解，由法院在进行审查时具体把握。

本条第二项所规定的人民法院应当认定外国法院对案件无管辖权的情形是"违反本法对专属管辖的规定"。修改后的《民事诉讼法》第二百七十九条对人民法院专属管辖的三类民事案件作了规定，包括：（1）因在中华人民共和国领域内设立的法人或者其他组织的设立、解散、清算，以及该法人或者其他组织作出的决议的效力等纠纷提起的诉讼；（2）因与在中华人民共和国领域内审查授予的知识产权的有效性有关的纠纷提起的诉讼；（3）因在中华人民共和国领域内履行中外合资经营企业合同、中外合作经营企业合同、中外合作勘探开发自然资源合同发生纠纷提起的诉讼。专属管辖是一国基于主权、安全和社会公共利益等的考虑所确定的专属于一国法院管辖、不允许当事人通过协议选择排除的管辖类型。专属管辖体现了一国法院在诉讼管辖方面的主权立场，如果外国法院违反了《民事诉讼法》对专属管辖的规定，对于本应由我国法院专属管辖的案件进行了管辖，则我国法院应当认定该外国法院对案件无管辖权。

本条第三项所规定的人民法院应当认定该外国法院对案件无管辖权的情形是"违反当事人排他性选择法院管辖的协议"。协议管辖是当事人之间通过协商一致，共同合意选择法院管辖的一种确定管辖的方式。本次《民事诉讼法》修改，在涉外编新增协议管辖的内容，即修改后的《民事诉讼法》第二百七十七条规定："涉外民事纠纷的当事人书面协议选择人民法院管辖的，可以由人民法院管辖。"根据这一规定，涉外民事纠纷的当事人可以协议选择人民法院进行管辖，并且不需要受到案件所涉纠纷需与选择法院具有实际联系的限制。当事人在协议选择管辖法院时，既可以作排他性的选择，也可以作非排他性的选择。无论是前者还是后者，这种选择均是当事人之间合意的结果，体现了双方共同的意思表示，应当予以尊重。不同之处在于，如果当事人协议选择的法院是排他性的，则意味着一旦选定我国法院，外国法院便不能再对案件行使管辖权了。如果违反了这一选择法院的协议，我国法院即可认定该外国法院对案件没有管辖权。

二十三、增加一条，作为第三百零二条："当事人向人民法院申请承认和执行外国法院作出的发生法律效力的判决、裁定，该判决、裁定涉及的纠纷与人民法院正在审理的纠纷属于同一纠纷的，人民法院可以裁定中止诉讼。

"外国法院作出的发生法律效力的判决、裁定不符合本法规定的承认条件的,人民法院裁定不予承认和执行,并恢复已经中止的诉讼;符合本法规定的承认条件的,人民法院裁定承认其效力;需要执行的,发出执行令,依照本法的有关规定执行;对已经中止的诉讼,裁定驳回起诉。"

## 释 义

本条为新增条款,是关于人民法院受理承认和执行外国生效裁判所涉纠纷与正在审理的纠纷属同一纠纷时如何处理的规定。

在处理涉外民事纠纷的过程中,外国法院可能先于我国法院受理案件且已经作出生效裁判,并就生效裁判向我国法院申请承认和执行,而此时人民法院对于同一纠纷仍处于审理过程中。这一情形的出现,主要是因为在涉外民事纠纷中平行诉讼的存在。所谓平行诉讼,是指相同当事人就同一争议基于相同事实以及相同目的在两个以上国家或地区的法院进行诉讼的现象。根据修改后的《民事诉讼法》第二百八十条的规定,当事人之间的同一纠纷,一方当事人向外国法院起诉,另一方当事人向人民法院起诉,或者一方当事人既向外国法院起诉,又向人民法院起诉,人民法院依照本法有管辖权的,可以受理。平行诉讼的存在,使外国法院和我国法院可能对于同一纠纷均行使管辖权。当外国法院已经对纠纷作出生效裁判,并且当事人就此生效裁判向我国法院申请承认和执行时,我国法院可能对于该纠纷仍处在审理阶段。此时，就需要对如何处理外国法院生效裁判的承认与执行以及我国法院正在进行的诉讼作出规定，从而更为充分、高效利用司法资源，在提升纠纷处理效率与保护当事人合法权益之间取得更好的平衡。

根据本条第一款的规定，当事人向人民法院申请承认和执行外国法院作出的发生法律效力的判决、裁定，该判决、裁定涉及的纠纷与人民法院正在审理的纠纷属于同一纠纷的，人民法院可以首先裁定中止诉讼。考虑到外国法院已经通过生效裁判的形式对纠纷进行了实体处理，如果该生效裁判能够得到我国法院的承认和执行，则一方面当事人的纠纷无须再由我国法院继续进行审理并作出裁判，节省了更多的司法资源，效率也更高；另一方面也体现了我国法院对外国法院生效裁判的尊重，展现了国际礼让。当然，当事人就外国法院生效裁判向我国法院申请承认和执行后能否最终得到承认和执行具有不确定性，需要由我国法院在受理案件后对其是否符合承认和执行条件进行审查，如果符合，则予以承认和执行；如果不符合，则裁定不予承认和执行。鉴于此，在当事人就外国法院生效裁判向我国法院申请承认和执行时，对于我国法院正在审理的纠纷作中止诉讼的处理较为妥当，为法院根据承认和执行审查程序的不同走向分别作出处理保留了空间。

本条第二款是根据对外国法院生效裁判承认和执行审查结果的不同所作出的不同处理：如果外国法院的生效裁判不符合本法规定的承认条件，我国法院应当裁定不予承认和执行，同时恢复已经中止的诉讼；如果外国法院的生效裁判符合本法规定的承认条件，我国法院则裁定承认其效力；需要执行的，发出执行令，根据本法的有关规定执行，对已经中止的诉讼，裁定驳回起诉。

理解本款，需要明确以下三点：一是关于"本法规定的承认条件"。修改后的《民事诉讼法》第二百九十九条规定："人民法院对申请或者请求承认和执行的外国法院作出的发生法律效力的判决、裁定，依照中华人民共和国缔结或者参加的国际条约，或者按照互惠原则进行审查后，认为不违反中华人民共和国法律的基本原则且不损害国家主权、安全、社会公共利益的，裁定承认其效力；需要执行的，发出执行令，依照本法的有关规定执行。"因此，能够得到承认和执行的外国法院作出的发生法律效力的判决、裁定必须不能违反我国法律的基本原则且不损害我国的国家主权、安全、社会公共利益。同时，修改后的《民事诉讼法》第三百条还规定了裁定不予承认和执行外国法院生效裁判的情形。如果外国法院生效裁判存在这些情形，当然应当被认定为不具备"本法规定的承认条件"，从而不应得到承认和执行。二是在外国法院生效裁判因不符合《民事诉讼法》规定的承认条件而被裁定不予承认和执行后，应当恢复我国法院之前中止的诉讼。我国法院之前正在进行的诉讼与外国法院生效裁判涉及的纠纷属于同一纠纷，在外国法院生效裁判被裁定不予承认和执行后，当事人通过在我国法院申请承认和执行外国法院生效裁判来实现自己实体权益的路径已经走不通。此时，只有恢复此前在我国法院正在进行的诉讼，其诉请才有可能因得到我国法院的认可而得到执行，进而实现其自身权益。三是如果经过审查，外国法院的生效裁判符合本法规定的承认条件，即既不存在违反我国法律的基本原则或者损害我国国家主权、安全、社会公共利益的情形,也不存在修改后的《民事诉讼法》第三百条所列举的各种情形,则我国法院应当裁定承认该生效裁判的效力。如果需要执行,则由我国法院发出执行令,根据《民事诉讼法》有关执行程序的规定执行。在裁定承认和执行外国法院生效裁判后,该生效裁判所涉纠纷已经得到了实体处理,且该处理结果也得到了我国法院的认同,此时,对我国法院此前中止的诉讼也应作出终局性的处置,即裁定驳回起诉。

**二十四、增加一条,作为第三百零三条:"当事人对承认和执行或者不予承认和执行的裁定不服的,可以自裁定送达之日起十日内向上一级人民法院申请复议。"**

● 释 义

本条为新增条款,是对承认和执行或者不予承认和执行外国法院作出的发生法律效力的判决、裁定的救济的规定。

当事人就外国法院作出的发生法律效力的判决、裁定向我国法院申请承认和执行的,我国法院根据《民事诉讼法》有关规定进行审查后,如果认为该发生法律效力的判决、裁定符合《民事诉讼法》规定的承认条件的,则裁定承认其效力;需要执行的,发出执行令,依照有关规定执行;如果认为该发生法律效力的判决、裁定不符合《民事诉讼法》规定的承认条件的,则裁定不予承认和执行。无论裁定的结果是承认和执行,还是不予承认和执行,都需要赋予当事人相应的救济,如此方能实现对其诉讼权利及合法权益的周全保护。本次修改前,

《民事诉讼法》对于承认和执行或者不予承认和执行外国法院发生法律效力的判决、裁定的裁定如何救济，并无明确规定。根据修改前的《民事诉讼法》第一百五十七条的规定，裁定的适用范围包括：(1) 不予受理；(2) 对管辖权有异议的；(3) 驳回起诉；(4) 保全和先予执行；(5) 准许或者不准许撤诉；(6) 中止或者终结诉讼；(7) 补正判决书中的笔误；(8) 中止或者终结执行；(9) 撤销或者不予执行仲裁裁决；(10) 不予执行公证机关赋予强制执行效力的债权文书；(11) 其他需要裁定解决的事项。该条同时明确，只有对前三项裁定，才可以上诉。这意味着，除不予受理、管辖权异议及驳回起诉的裁定可以上诉外，其他裁定不允许上诉。但是，不允许上诉并不必然意味着没有救济。比如，修改前的《民事诉讼法》第一百一十一条规定，当事人对保全或者先予执行的裁定不服的，可以申请复议一次。承认和执行或者不予承认和执行的裁定对于当事人的权利实现意义重大，在我国法院作出裁定后，如果不赋予其一定的救济途径，难以确保当事人服判息诉，也不利于发挥上级法院对下级法院的监督作用，不利于确保当事人的合法权益得到实现。基于此，本条对此作出规定。

  理解本条，可以从以下三点把握：一是当事人可以申请复议的裁定范围，既包括承认和执行外国法院生效裁判的裁定，也包括不予承认和执行外国法院生效裁判的裁定。申请人申请承认和执行外国法院生效裁判的，如果法院裁定承认和执行，则申请人的诉请得到了认可，但被申请人可能认为该生效裁判不应得到承认和执行，进而申请复议；反之，如果法院裁定不予承认和执行，则申请人因其诉请未获认可可能申请复议。二是当事人就承认和执行或者不予承认和执行的裁定申请复议的，应当向上一级法院提出。当事人向上一级法院提出复议，便于发挥上级法院对下级法院的监督作用，更有助于对裁定的公正审查，从而保护当事人的合法权益。三是就裁定申请复议的期限为自裁定送达之日起十日内，这一期限与可上诉裁定的上诉期保持了一致。

**二十五、将第二百九十条改为第三百零四条，修改为："在中华人民共和国领域外作出的发生法律效力的仲裁裁决，需要人民法院承认和执行的，当事人可以直接向被执行人住所地或者其财产所在地的中级人民法院申请。被执行人住所地或者其财产不在中华人民共和国领域内的，当事人可以向申请人住所地或者与裁决的纠纷有适当联系的地点的中级人民法院申请。人民法院应当依照中华人民共和国缔结或者参加的国际条约，或者按照互惠原则办理。"**

● 释 义

本条是关于我国法院对在中华人民共和国领域外作出的生效仲裁裁决承认与执行的规定。

关于仲裁裁决的承认与执行，本次《民事诉讼法》修改之前，以"仲裁机构所在地标准"区分仲裁裁决的籍属，将仲裁裁决分为"中华人民共和国涉外仲裁机构作出的发生法律效力的仲裁裁决"和"国外仲裁机构的裁决"，并规定了不同的承认与执行的程序：对于前者，当事人请求执行的，如果被执行人或者其财产不在中华人民共和国领域内，应当由当事人直接向有管辖权的外国法院申请承认和执行；对于后者，需要我国法院承认和执行的，应当由当事人直接向被执行人住所地或者其财产所在地的中级人民法院申请，人民法院应当依照中华人民共和国缔结或者参加的国际条约，或者按照互惠原则办理。为与将来仲裁法的修改保持衔接，本次《民事诉讼法》修改，将本条中的"国外仲裁机构的裁决"修改为"在中华人民共和国领域外作出的发生法律效力的仲裁裁决"。

  关于域外仲裁裁决的承认与执行，最具影响力的国际公约是 1958 年 6 月 10 日在纽约召开的联合国国际商业仲裁会议上签署的《承认及执行外国仲裁裁决公约》（the New York Convention on the Recognition and Enforcement of Foreign Arbitral Awards，即《纽约公约》），该公约处理的是外国仲裁裁决的承认和仲裁条款的执行问题。1986 年 12 月 2 日，六届全国人大常委会第十八次会议决定我国加入《纽约公约》，该公约 1987 年 4 月 22 日对我国生效。《纽约公约》的主要内容包括：（1）明确规定了公约的适用范围，首先，一个缔约国应当承认和执行在另一缔约国作出的仲裁裁决；其次，对于在非缔约国作出的仲裁裁决亦应给予承认和执行，但允许缔约国作出"互惠保留"和"商事保留"。（2）明确规定了在承认及执行外国仲裁裁决时，不得比承认及执行本国仲裁裁决附加更为苛刻的条件或收取更多的费用。（3）规定了拒绝承认及执行外国仲裁裁决的条件，即被申请执行人能提出证据证明有下列情形之一的，依其请求，被申请执行机关可以拒绝执行：a. 仲裁协议被认定是无效的；b. 被诉人没有得到关于指定仲裁员或进行仲裁程序的适当通知，或由于其他原因而不能对案件提出意见的；c. 裁决的事项超出了仲裁协议所规定的范围；d. 仲裁庭的组成或仲裁程序与当事人之间的协议不相符合，或者当事人双方无协议时，与仲裁地国家的法律不相符合；e. 仲裁裁决对当事人尚未发生拘束力，或者仲裁裁决已被仲裁地国家的有关当局搁置或停止执行的。此外，公约还规定，如果被申请承认及执行裁决国家的有关当局认为，按照该国法律裁决中的争议事项不适于以仲裁方式解决的，或认为裁决内容违反该国公共秩序的，也可以拒绝执行。我国在加入《纽约公约》时，根据公约的有关规定，提出了"互惠保留"和"商事保留"，即我国只承认在缔约国境内作出的对属于契约性和非契约性商事法律关系所引起的争议所作的裁决。1987年4月10日公布的《最高人民法院关于执行我国加入的〈承认及执行外国仲裁裁决公约〉的通知》第二条对"契约性和非契约性商事法律关系"作了解释，所谓"契约性和非契约性商事法律关系"，具体是指由于合同、侵权或者根据有关法律规定而产生的经济上的权利义务关系，如货物买卖、财产租赁、工程承包、加工承揽、技术转让、合资经营、合作经营、勘探开发自然资源、保险、信贷、劳务代理、咨询服务和海上、民用航空、铁路、公路的客货运输以及产品责任、环境污染、海上事故和所有权争议等，但不包括外国投资者与东道国政府之间的争端。

　　理解本条规定，需要注意以下三点：第一，在"契约性和非契约性商事法律关系"的前提下，在中华人民共和国领域外作出的发生法律效力的仲裁裁决需要由我国法院承认和执行的，如果仲裁地所在国是《1958年纽约公约》的缔约国，则应当按照公约的规定办理；如果仲裁地所在国不是《1958年纽约公约》的缔约国，但同我国订有双边司法协助协定的，应当按照协定的规定办理；如果仲裁地所在国既不是该公约的缔约国，又与我国没有签订双边司法协助协定，则应按照互惠原则办理。第二，在申请承认和执行的具体程序方面，当事人首先可以直接向被执行人住所地或者其财产所在地的中级人民法院申请。《最高人民法院关于执行我国加入的〈承认及执行外国仲裁裁决公约〉的通知》规定："根据《1958年纽约公约》第四条的规定，申请我国法院承认和执行在另一缔约国领土内作出的仲裁裁决，是由仲裁裁决的一方当事人提出的。对于当事人的申请应由我国下列地点的中级人民法院受理：1. 被执行人为自然人的，为其户籍所在地或者居所地；2. 被执行人为法人的，为其主要办事机构所在地；3. 被执行人在我国无住所、居所或者主要办事机构，但有财产在我国境内的，为其财产所在地。""我国有管辖权的人民法院接到一方当事人的申请后，应对申请承认及执行的仲裁裁决进行审查，如果认为不具有《1958年纽约公约》第五条第一、二两项所列的情形，应当裁定承认其效力，并且依照民事诉讼法（试行）规定的程序执行；如果认定具有第五条第二项所列的情形之一的，或者根据被执行人提供的证据证明具有第五条第一项所列的情形之一的，应当裁定驳回申请，拒绝承认及执行。"第三，在被执行人住所地或者其财产不在中华人民共和国领域内的情形下，当事人可以向申请人住所地或者与裁决的纠纷有适当联系的地点的中级人民法院申请。这是本次《民事诉讼法》修改新增加的内容，目的是在被执行人住所地或者其财产所在地均不在中华人民共和国领域内时，为当事人申请仲裁裁决的承认与执行提供另外可供选择的管辖法院，从而更有助于当事人合法权益的实现。这里的"申请人住所地"，根据《最高人民法院关于执行我国加入的〈承认及执行外国仲裁裁决公约〉的通知》的规定，申请人为自然人的，为其户籍所在地或者居所地；申请人为法人的，为其主要办事机构所在地。这里的"与裁决的纠纷有适当联系的地点的中级人民法院"，在认定时应与修改后的《民事诉讼法》第二百七十六条、第三百零一条中的"适当联系"作相同处理，由人民法院结合具体的案件事实、法院自身与纠纷联系的紧密度等因素综合认定。

**二十六、增加一条，作为第三百零五条**："涉及外国国家的民事诉讼，适用中华人民共和国有关外国国家豁免的法律规定；有关法律没有规定的，适用本法。"

本决定自 2024 年 1 月 1 日起施行。

《中华人民共和国民事诉讼法》根据本决定作相应修改并对条文顺序作相应调整，重新公布。

● 释　义

本条为新增条款，是关于涉及外国国家的民事诉讼如何适用法律的规定。

在参与民事诉讼的各类主体中，有的主体因其自身享有的特权与豁免身份，立法上需要对此类主体参与诉讼作出特别规定。比如，修改前的《民事诉讼法》第二百六十八条（本次修改后的第二百七十二条）对于享有外交特权与豁免的外国人、外国组织或者国际组织提起民事诉讼应如何适用法律作了规定，即："对享有外交特权与豁免的外国人、外国组织或者国际组织提起的民事诉讼，应当依照中华人民共和国有关法律和中华人民共和国缔结或者参加的国际条约的规定办理。"就涉及外国国家的民事诉讼而言，从国外立法看，对以国家为被告的案件是否可以行使管辖权及其决定程序，各国有不同的立法模式：有通过法院组织法规定的，如德国；有通过普通民事诉讼法、涉外民事诉讼法规定的，如俄罗斯、阿根廷、匈牙利等；在有国家豁免专门立法的国家中，通过专门立法规范了此类案件适用的特殊程序，同时适用普通民事诉讼法的有关规定。从对这一问题的立场看，有的国家采取绝对国家豁免的立场，即完全排除本国法院对以外国国家为被告的案件的诉讼管辖；有的采取限制国家豁免的立场，即本国法院在某些条件下对以外国国家为被告的案件具有管辖权，并规定了诉讼程序。我国已于2005年9月14日签署《联合国国家及其财产管辖豁免公约》，但尚未经全国人大常委会批准。该公约所采取的是限制国家豁免的立场。

在外交实践中，我国与世界上多数国家的做法一样，奉行的是绝对豁免的立场，即对涉及外国国家及其财产的民事案件，各国基于国家主权平等、"平等者之间无管辖权"的理念，不论外国国家从事活动或者行为的性质如何，一国法院都不予管辖。二十世纪五十年代以后，由于国家越来越多地以民商事主体身份参与国际经济活动，为了保护本国公民和法人的利益，一些国家逐渐转向限制豁免原则，即根据国家行为的性质，将外国国家行为区分为"主权行为"和"非主权行为"，相应地将外国国家财产区分为"主权财产"和"商业财产"，据此明确对外国国家的主权行为和主权财产给予管辖豁免，对非主权行为和国家商业财产不再给予管辖豁免。目前，世界上许多国家通过缔结国际条约、制定国内法律等方式实行限制豁免原则和制度，还有些国家通过司法实践确立了限制豁免原则。2023年9月1日，十四届全国人大常委会第五次会议通过了《外国国家豁免法》。制定《外国国家豁免法》，适应我国对外交往不断扩大的新形势新变化，确立我国的外国国家豁免制度，对我国国家豁免政策进行调整，明确我国的外国国家豁免政策由绝对豁免转向限制豁免，这对于统筹推进国内法治和涉外法治、促进对外开放、依法维护权益、稳定行为预期等具有重要意义。在具体内容方面，《外国国家豁免法》既确立了国家豁免的一般原则，同时又确定了我国法院可以对外国国家及其财产行使管辖权的情形。考虑到外国国家作为民事案件当事人的特殊性，《外国国家豁免法》第十七条、第十八条对外国国家豁免案件中的有关文书送达、缺席判决等程序作出了专门规定。同时规定，关于涉及外国国家及其财产的民事案件的审判和执行程序，《外国国家豁免法》没有规定的，适用中华人民共和国的民事诉讼法律以及其他相关法律的规定。

在《外国国家豁免法》已经制定出台且对涉及外国国家的民事诉讼在程序上如何适用法律作出规定的背景下，《民事诉讼法》作为民事诉讼领域的基本法，同样需要对此问题予以明确，并保持与《外国国家豁免法》在规则上的协调一致。基于此，本条明确：涉及外国国家的民事诉讼，适用中华人民共和国有关外国国家豁免的法律规定；有关法律没有规定的，适用《民事诉讼法》。理解本条，需要注意以下两点：一是在外国国家参与民事诉讼时，首先应当适用有关外国国家豁免的法律规定。这里的"有关外国国家豁免的法律规定"，既包括《外国国家豁免法》的规定，具体涉及外国国家参与民事诉讼是否享有管辖豁免、向外国国家送达诉讼文书的方式、缺席判决的具体程序等规定，也包括其他涉及外国国家及其财产豁免的有关法律规定，如2005年10月25日十届全国人大常委会第十八次会议通过的《外国中央银行财产司法强制措施豁免法》。二是有关外国国家豁免的法律没有规定的，应当适用作为诉讼程序基本法的《民事诉讼法》。比如《外国国家豁免法》等有关法律并未对涉及外国国家参与民事诉讼的具体审理程序、裁判文书的作出及相应救济等作出特别规定，则就此应当适用《民事诉讼法》的规定。

# 附 录

## 中华人民共和国主席令

### 第十一号

《全国人民代表大会常务委员会关于修改〈中华人民共和国民事诉讼法〉的决定》已由中华人民共和国第十四届全国人民代表大会常务委员会第五次会议于2023年9月1日通过，现予公布，自2024年1月1日起施行。

中华人民共和国主席　习近平

2023年9月1日

# 全国人民代表大会常务委员会关于修改《中华人民共和国民事诉讼法》的决定

(2023年9月1日第十四届全国人民代表大会常务委员会第五次会议通过)

第十四届全国人民代表大会常务委员会第五次会议决定对《中华人民共和国民事诉讼法》作如下修改：

一、将第四十条修改为："人民法院审理第一审民事案件，由审判员、人民陪审员共同组成合议庭或者由审判员组成合议庭。合议庭的成员人数，必须是单数。

"适用简易程序审理的民事案件，由审判员一人独任审理。基层人民法院审理的基本事实清楚、权利义务关系明确的第一审民事案件，可以由审判员一人适用普通程序独任审理。

"人民陪审员在参加审判活动时，除法律另有规定外，与审判员有同等的权利义务。"

二、将第四十七条第四款修改为："前三款规定，适用于法官助理、书记员、司法技术人员、翻译人员、鉴定人、勘验人。"

三、将第一百一十五条修改为："当事人之间恶意串通，企图通过诉讼、调解等方式侵害国家利益、社会公共利益或者他人合法权益的，人民法院应当驳回其请求，并根据情节轻重予以罚款、拘留；构成犯罪的，依法追究刑事责任。

"当事人单方捏造民事案件基本事实，向人民法院提起诉讼，企图侵害国家利益、社会公共利益或者他人合法权益的，适用前款规定。"

四、将第一百三十条第二款修改为："当事人未提出管辖异议，并应诉答辩或者提出反诉的，视为受诉人民法院有管辖权，但违反级别管辖和专属管辖规定的除外。"

五、将第一百四十条第二款修改为："开庭审理时，由审判长或者独任审判员核对当事人，宣布案由，宣布审判人员、法官助理、书记员等的名单，告知当事人有关的诉讼权利义务，询问当事人是否提出回避申请。"

六、将第一百八十四条修改为："人民法院审理选民资格案件、宣告失踪或者宣告死亡案件、指定遗产管理人案件、认定公民无民事行为能力或者限制民事行为能力案件、认定财产无主案件、确认调解协议案件和实现担保物权案件，适用本章规定。本章没有规定的，适用本法和其他法律的有关规定。"

七、在第十五章第三节后增加一节，作为第四节：

"第四节　指定遗产管理人案件

"第一百九十四条　对遗产管理人的确定有争议，利害关系人申请指定遗产管理人的，向被继承人死亡时住所地或者主要遗产所在地基层人民法院提出。

"申请书应当写明被继承人死亡的时间、申请事由和具体请求，并附有被继承人死亡的相关证据。

"第一百九十五条　人民法院受理申请后，应当审查核实，并按照有利于遗产管理的原则，判决指定遗产管理人。

"第一百九十六条 被指定的遗产管理人死亡、终止、丧失民事行为能力或者存在其他无法继续履行遗产管理职责情形的，人民法院可以根据利害关系人或者本人的申请另行指定遗产管理人。

"第一百九十七条 遗产管理人违反遗产管理职责，严重侵害继承人、受遗赠人或者债权人合法权益的，人民法院可以根据利害关系人的申请，撤销其遗产管理人资格，并依法指定新的遗产管理人。"

八、将第二百七十二条改为第二百七十六条，修改为："因涉外民事纠纷，对在中华人民共和国领域内没有住所的被告提起除身份关系以外的诉讼，如果合同签订地、合同履行地、诉讼标的物所在地、可供扣押财产所在地、侵权行为地、代表机构住所地位于中华人民共和国领域内的，可以由合同签订地、合同履行地、诉讼标的物所在地、可供扣押财产所在地、侵权行为地、代表机构住所地人民法院管辖。

"除前款规定外，涉外民事纠纷与中华人民共和国存在其他适当联系的，可以由人民法院管辖。"

九、增加一条，作为第二百七十七条："涉外民事纠纷的当事人书面协议选择人民法院管辖的，可以由人民法院管辖。"

十、增加一条，作为第二百七十八条："当事人未提出管辖异议，并应诉答辩或者提出反诉的，视为人民法院有管辖权。"

十一、将第二百七十三条改为第二百七十九条，修改为："下列民事案件，由人民法院专属管辖：

"（一）因在中华人民共和国领域内设立的法人或者其他组织的设立、解散、清算，以及该法人或者其他组织作出的决议的效力等纠纷提起的诉讼；

"（二）因与在中华人民共和国领域内审查授予的知识产权的有效性有关的纠纷提起的诉讼；

"（三）因在中华人民共和国领域内履行中外合资经营企业合同、中外合作经营企业合同、中外合作勘探开发自然资源合同发生纠纷提起的诉讼。"

十二、增加一条，作为第二百八十条："当事人之间的同一纠纷，一方当事人向外国法院起诉，另一方当事人向人民法院起诉，或者一方当事人既向外国法院起诉，又向人民法院起诉，人民法院依照本法有管辖权的，可以受理。当事人订立排他性管辖协议选择外国法院管辖且不违反本法对专属管辖的规定，不涉及中华人民共和国主权、安全或者社会公共利益的，人民法院可以裁定不予受理；已经受理的，裁定驳回起诉。"

十三、增加一条，作为第二百八十一条："人民法院依据前条规定受理案件后，当事人以外国法院已经先于人民法院受理为由，书面申请人民法院中止诉讼的，人民法院可以裁定中止诉讼，但是存在下列情形之一的除外：

"（一）当事人协议选择人民法院管辖，或者纠纷属于人民法院专属管辖；

"（二）由人民法院审理明显更为方便。

"外国法院未采取必要措施审理案件，或者未在合理期限内审结的，依当事人的书面申请，人民法院应当恢复诉讼。

"外国法院作出的发生法律效力的判决、裁定，已经被人民法院全部或者部分承认,当事人对已经获得承认的部分又向人民法院起诉的,裁定不予受理;已经受理的,裁定驳回起诉。"

**十四、**增加一条,作为第二百八十二条:"人民法院受理的涉外民事案件,被告提出管辖异议,且同时有下列情形的,可以裁定驳回起诉,告知原告向更为方便的外国法院提起诉讼:

"(一)案件争议的基本事实不是发生在中华人民共和国领域内,人民法院审理案件和当事人参加诉讼均明显不方便;

"(二)当事人之间不存在选择人民法院管辖的协议;

"(三)案件不属于人民法院专属管辖;

"(四)案件不涉及中华人民共和国主权、安全或者社会公共利益;

"(五)外国法院审理案件更为方便。

"裁定驳回起诉后,外国法院对纠纷拒绝行使管辖权,或者未采取必要措施审理案件,或者未在合理期限内审结,当事人又向人民法院起诉的,人民法院应当受理。"

**十五、**将第二十五章章名修改为"送达、调查取证、期间"。

**十六、**将第二百七十四条改为第二百八十三条,修改为:"人民法院对在中华人民共和国领域内没有住所的当事人送达诉讼文书,可以采用下列方式:

"(一)依照受送达人所在国与中华人民共和国缔结或者共同参加的国际条约中规定的方式送达;

"(二)通过外交途径送达;

"（三）对具有中华人民共和国国籍的受送达人，可以委托中华人民共和国驻受送达人所在国的使领馆代为送达；

"（四）向受送达人在本案中委托的诉讼代理人送达；

"（五）向受送达人在中华人民共和国领域内设立的独资企业、代表机构、分支机构或者有权接受送达的业务代办人送达；

"（六）受送达人为外国人、无国籍人，其在中华人民共和国领域内设立的法人或者其他组织担任法定代表人或者主要负责人，且与该法人或者其他组织为共同被告的，向该法人或者其他组织送达；

"（七）受送达人为外国法人或者其他组织，其法定代表人或者主要负责人在中华人民共和国领域内的，向其法定代表人或者主要负责人送达；

"（八）受送达人所在国的法律允许邮寄送达的，可以邮寄送达，自邮寄之日起满三个月，送达回证没有退回，但根据各种情况足以认定已经送达的，期间届满之日视为送达；

"（九）采用能够确认受送达人收悉的电子方式送达，但是受送达人所在国法律禁止的除外；

"（十）以受送达人同意的其他方式送达，但是受送达人所在国法律禁止的除外。

"不能用上述方式送达的，公告送达，自发出公告之日起，经过六十日，即视为送达。"

十七、增加一条，作为第二百八十四条："当事人申请人民法院调查收集的证据位于中华人民共和国领域外，人民法院可以依照证据所在国与中华人民共和国缔结或者共同参加的国际条约中规定的方式，或者通过外交途径调查收集。

"在所在国法律不禁止的情况下，人民法院可以采用下列方式调查收集：

"（一）对具有中华人民共和国国籍的当事人、证人，可以委托中华人民共和国驻当事人、证人所在国的使领馆代为取证；

"（二）经双方当事人同意，通过即时通讯工具取证；

"（三）以双方当事人同意的其他方式取证。"

十八、将第二百八十七条改为第二百九十七条，第二款修改为："在中华人民共和国领域内依法作出的发生法律效力的仲裁裁决，当事人请求执行的，如果被执行人或者其财产不在中华人民共和国领域内，当事人可以直接向有管辖权的外国法院申请承认和执行。"

十九、将第二百八十八条改为第二百九十八条，修改为："外国法院作出的发生法律效力的判决、裁定，需要人民法院承认和执行的，可以由当事人直接向有管辖权的中级人民法院申请承认和执行，也可以由外国法院依照该国与中华人民共和国缔结或者参加的国际条约的规定，或者按照互惠原则，请求人民法院承认和执行。"

二十、将第二百八十九条改为第二百九十九条，修改为："人民法院对申请或者请求承认和执行的外国法院作出的发生法律效力的判决、裁定，依照中华人民共和国缔结或者参加的国际条约，或者按照互惠原则进行审查后，认为不违反中华人民共和国法律的基本原则且不损害国家主权、安全、社会公共利益的，裁定承认其效力；需要执行的，发出执行令，依照本法的有关规定执行。"

二十一、增加一条，作为第三百条："对申请或者请求承认和执行的外国法院作出的发生法律效力的判决、裁定，人民法院经审查，有下列情形之一的，裁定不予承认和执行：

"（一）依据本法第三百零一条的规定，外国法院对案件无管辖权；

"（二）被申请人未得到合法传唤或者虽经合法传唤但未获得合理的陈述、辩论机会，或者无诉讼行为能力的当事人未得到适当代理；

"（三）判决、裁定是通过欺诈方式取得；

"（四）人民法院已对同一纠纷作出判决、裁定，或者已经承认第三国法院对同一纠纷作出的判决、裁定；

"（五）违反中华人民共和国法律的基本原则或者损害国家主权、安全、社会公共利益。"

二十二、增加一条，作为第三百零一条："有下列情形之一的，人民法院应当认定该外国法院对案件无管辖权：

"（一）外国法院依照其法律对案件没有管辖权，或者虽然依照其法律有管辖权但与案件所涉纠纷无适当联系；

"（二）违反本法对专属管辖的规定；

"（三）违反当事人排他性选择法院管辖的协议。"

二十三、增加一条，作为第三百零二条："当事人向人民法院申请承认和执行外国法院作出的发生法律效力的判决、裁定，该判决、裁定涉及的纠纷与人民法院正在审理的纠纷属于同一纠纷的，人民法院可以裁定中止诉讼。

"外国法院作出的发生法律效力的判决、裁定不符合本法规定的承认条件的，人民法院裁定不予承认和执行，并恢复已经中止的诉讼；符合本法规定的承认条件的，人民法院裁定承认其效力；需要执行的，发出执行令，依照本法的有关规定执行；对已经中止的诉讼，裁定驳回起诉。"

二十四、增加一条，作为第三百零三条："当事人对承认和执行或者不予承认和执行的裁定不服的，可以自裁定送达之日起十日内向上一级人民法院申请复议。"

二十五、将第二百九十条改为第三百零四条，修改为："在中华人民共和国领域外作出的发生法律效力的仲裁裁决，需要人民法院承认和执行的，当事人可以直接向被执行人住所地或者其财产所在地的中级人民法院申请。被执行人住所地或者其财产不在中华人民共和国领域内的，当事人可以向申请人住所地或者与裁决的纠纷有适当联系的地点的中级人民法院申请。人民法院应当依照中华人民共和国缔结或者参加的国际条约，或者按照互惠原则办理。"

二十六、增加一条，作为第三百零五条："涉及外国国家的民事诉讼，适用中华人民共和国有关外国国家豁免的法律规定；有关法律没有规定的，适用本法。"

本决定自2024年1月1日起施行。

《中华人民共和国民事诉讼法》根据本决定作相应修改并对条文顺序作相应调整，重新公布。

# 关于《中华人民共和国民事诉讼法（修正草案）》的说明

——2022年12月27日在第十三届全国人民代表大会常务委员会第三十八次会议上

最高人民法院院长　周　强

全国人民代表大会常务委员会：

我代表最高人民法院，作关于《中华人民共和国民事诉讼法（修正草案）》的说明。

## 一、民事诉讼法（修正草案）的起草背景和必要性

民事诉讼法是国家的基本法律，是规范民事诉讼程序的基本规则。我国现行民事诉讼法是1991年第七届全国人大第四次会议通过的，先后经历了2007年、2012年、2017年、2021年四次修正，民事诉讼规则不断优化完善，在保护当事人诉讼权利，保障人民法院公正、高效审理民事案件等方面发挥了重要作用，但历次修正均未对涉外民事诉讼程序相关内容作出实质性调整。进入新时代以来，我国经济实力实现历史性跃升，经济总量稳居世界第二，制造业规模、外汇储备、全球货物贸易位居世界第一，2019年全国出入境人员已达6.7亿人次，2021年对外直接投资流量1788.2亿美元，比上年增长16.3%，连续十年位列

全球前三。伴随高水平对外开放的持续推进，人民法院审理的涉外民商事案件快速攀升，已覆盖全球100多个国家和地区，境外当事人主动选择中国法院管辖的案件日益增多，我国民商事判决得到越来越多国家的承认和执行，中国司法的国际公信力和影响力持续提升。同时，司法实践中面临的管辖权国际冲突等问题愈加复杂，现有涉外民事诉讼程序的功能定位、制度设计已难以满足公正、高效、便捷解决涉外民商事纠纷和维护国家主权、安全、发展利益的需要，有必要进行相应完善。

党的十八大以来，以习近平同志为核心的党中央高度重视涉外法治工作，明确提出统筹推进国内法治和涉外法治。党的二十大报告强调"坚持高水平对外开放，加快构建以国内大循环为主体、国内国际双循环相互促进的新发展格局"，对推进高水平对外开放、推动构建人类命运共同体作出重大部署，为加强涉外法治工作提出新的更高要求。民事诉讼法涉外编是涉外法律体系的重要组成部分，对于平等保护中外当事人合法权利，营造市场化、法治化、国际化一流营商环境，维护国家主权、安全、发展利益，推进国家治理体系和治理能力现代化具有十分重要意义。为此，最高人民法院积极配合立法机关做好民事诉讼法涉外编的修改工作，在全面总结我国涉外民商事审判实践经验、借鉴国际条约和域外立法经验基础上，经深入调查研究、广泛听取意见、反复修改论证，形成民事诉讼法涉外编的修改建议。对有关重点难点问题，社会各界基本形成共识，修改民事诉讼法涉外编的条件已经具备。

此外，2021年8月，第十三届全国人大常委会第三十次会议作出《关于授权最高人民法院组织开展四级法院审级职能定位改革试点工作的决定》，授权最高人民法院围绕完善民事案件级别管辖制度、健全提级审理机制、完善再审申请程序和标准等方面组织开展为期两年的试点工作，并要求试点期满后，对实践证明可行的，应当修改完善有关法律。试点以来，在以习近平同志为核心的党中央坚强领导下，在全国人大及其常委会有力监督下，最高人民法院指导试点法院扎实推进各项试点任务，不断完善民事诉讼程序机制，试点取得预期成效，有必要将试点成果上升为法律。针对社会各界普遍关注、司法实践反映集中的其他重点问题，最高人民法院本着"较为成熟、争议不大、确有必要"的原则，在充分调研基础上，对相关条款也一并提出修改建议。

二、民事诉讼法（修正草案）起草的基本原则和工作过程

此次修正草案起草中，坚持以下基本原则。

一是坚持以习近平新时代中国特色社会主义思想为指导。始终以马克思主义中国化时代化最新成果武装头脑、指导实践、推动工作，认真学习贯彻党的二十大精神，深入贯彻习近平法治思想，深刻领悟"两个确立"的决定性意义，增强"四个意识"、坚定"四个自信"、做到"两个维护"，坚持走中国特色社会主义法治道路，立足我国国情和司法实践，推动完善民事诉讼程序体系。

二是坚持服务党和国家工作大局。牢记"国之大者"，落实统筹发展和安全要求，完整、准确、全面贯彻新发展理念，围绕加快构建新发展格局、推动高质量发展，推动以良法促进发展、保障善治，服务国家重大战略实施和推进高水平对外开放，切实维护我国主权、安全、发展利益。

三是坚持以人民为中心的发展思想。始终把实现好、维护好、发展好最广大人民根本利益作为一切工作的出发点和落脚点，立足于程序性规则的优化和完善，坚持平等保护原则，保障当事人诉讼权利的充分行使，积极回应人民群众关切。严厉打击不诚信诉讼行为，保障当事人合法权益，助力社会诚信体系建设。

四是积极对接国际规则。注重借鉴国外法治有益成果，将国际规则有机融入中国特色社会主义诉讼制度，通过构建公正、高效、便捷的涉外民商事诉讼制度，进一步增强我国在全球争议解决领域的吸引力，推动全球治理朝着更加公正合理的方向发展。

最高人民法院党组高度重视民事诉讼法有关规定的修改工作。全国人大监察司法委、全国人大常委会法工委多次听取汇报，深入开展实地调研，给予指导，对修正草案的具体内容提出完善建议，支持、指导最高人民法院如期顺利完成本次修正草案研究论证工作。修正草案先后征求了中央政法委、中央依法治国办、全国人大监察司法委、全国人大常委会法工委、最高人民检察院、外交部、公安部、民政部、司法部、商务部、国资委等中央国家机关，以及各高级人民法院、中国法学会民事诉讼法学研究会、中国国际私法学会、部分全国人大代表、全国政协委员、专家学者、律师代表的意见建议。

**三、民事诉讼法（修正草案）的主要内容**

修正草案共对民事诉讼法作出28处调整，涉及29个条文，其中新增条文16条，修改条文13条，主要包含以下内容。

（一）民事诉讼法涉外编的主要修改内容

1. 进一步完善我国对涉外民商事案件的管辖规则

一是合理增加管辖涉外案件的类型，适度扩大相关管辖依据。将管辖纠纷的类型拓展至财产权益纠纷和非财产权益纠纷，增设侵权结果发生地和其他适当联系作为管辖依据，更好平等保护中外当事人诉权，切实维护我国主权、安全、发展利益。

二是完善涉外协议管辖规则。顺应国际发展趋势，充分尊重当事人意思自治，对于与争议有实际联系的地点不在我国领域内的，明确当事人可以协议选择我国法院管辖。

三是增加涉外专属管辖的情形。借鉴各国立法实践，增加因在我国领域内设立的法人或者非法人组织的设立、解散、清算，该机关作出的决议的效力等提起的诉讼，以及因在我国领域内审查授予的知识产权的有效性等提起的诉讼等与我国利益密切相关的特定类型案件，适度扩大我国法院管辖范围。

四是明确涉外消费纠纷、涉外网络侵权纠纷的管辖规则。顺应跨国电商平台消费快速增长的趋势，就因涉外消费引起的纠纷，加大消费者诉权保护力度。破解涉外信息网络侵权情形下确定地域管辖的困境，将司法解释中的合理规则上升为法律，明确涉外信息网络侵权的管辖依据，筑牢营造清朗网络空间法治基石。

2. 妥善协调国际民商事诉讼管辖权冲突，提升解决国际民商事争议的效率。将司法解释中关于平行诉讼、不方便法院的成熟规定上升为法律，完善相关适用条件。保障中外当事人正当司法需求，明确我国法院可以受理他国法院已经受理的案件。顺应国际社会"预先承认"的立法趋势，降低中外当事人诉讼成本。对于具备法定情形，我国法院审理案件和当事人参加诉讼明显不便的案件，适度礼让由他国法院行使管辖权。

3. 丰富涉外送达手段，切实解决制约涉外审判效率的瓶颈问题。在充分保障受送达人程序权利的前提下，优化涉外送达制度，回应中外当事人对程序效率的迫切需求，提升我国涉外争议解决机制的国际吸引力。适度穿透法人或非法人组织面纱，增加相关自然人与法人或非法人组织之间替代送达的适用情形。积极稳妥利用现代信息手段，增加即时通讯工具、特定电子系统等电子送达方式。尊重当事人意思自治，赋予以受送达人同意的其他方式送达的法律效力。缩短公告送达期限，优化涉外公告送达规则。

4. 增设域外调查取证条款，保障人民法院准确查明案件事实。对域外调查取证作出明确规定，同时回应互联网时代的司法需求，在尊重所在国法律及双方当事人同意的前提下，明确可以通过即时通讯工具或其他方式取证，拓宽法院查明案件事实的渠道。

5. 完善承认与执行外国法院判决的制度规则，促进稳定国际民商事法律秩序

一是增强我国司法审查的透明度。当事人申请承认和执行外国法院判决的，除法定情形以外，应予以承认和执行。同时，对于外国法院裁判违反我国法律的基本原则或者侵犯国家主权、安全、社会公共利益的，则不予承认和执行。

二是明确因同一纠纷向我国法院申请承认和执行程序与我国法院案件审理程序的关系。当事人申请承认和执行外国法院判决，所涉争议与我国法院正在审理案件属于同一争议的，我国法院可以中止审理，促进稳定相关法律关系和当事人预期，同时明

确我国法院恢复诉讼程序的情形。

6. 恪守国际条约义务，积极推进仲裁裁决的国际流通。将认定仲裁裁决籍属的标准由仲裁机构标准修改为裁决地标准，促进仲裁裁决的跨境执行。增设申请人住所地法院、与裁决所涉纠纷有适当联系地法院为仲裁司法审查的管辖法院，最大限度便利仲裁当事人权利救济。

（二）民事诉讼法非涉外编的主要修改内容

1. 扩大回避适用范围。对照修订后的《中华人民共和国人民法院组织法》和《中华人民共和国法官法》，扩大回避适用范围，将法官助理、司法技术人员纳入回避适用的对象。保障当事人申请回避权的全面行使，确保民事案件的公正审判。

2. 明确司法技术人员参与诉讼的规则。总结长期以来关于司法技术人员特别是技术调查官的有益实践经验，明确人民法院可以指派司法技术人员参与诉讼，协助查明专业技术事实，进一步解决法官知识局限性、案件专门性和问题专业性之间的矛盾。

3. 完善虚假诉讼认定规则

一是进一步明确侵害法益范围。将虚假诉讼侵害法益从"他人合法权益"扩展至"国家利益、社会公共利益或者他人合法权益"，坚决防止虚假诉讼行为损害国家利益、社会公共利益。

二是明确单方虚假诉讼情形。突出虚假诉讼本质特征，在"双方恶意串通"情形之外，增加"单方捏造基本事实"的情形，准确界定虚假诉讼外延，压缩虚假诉讼存在空间。

4. 调整上诉状提出的方式。为进一步提供优质高效的诉讼服务，明确上诉状既可以向第二审人民法院直接提出，也可以通过原审人民法院提出，优化上诉状副本送达和原审案卷材料报送程序，最大程度缩短程序流转时间，提高二审立案效率。

5. 增加指定遗产管理人案件。对标《中华人民共和国民法典》有关规定，在第十五章"特别程序"中新增指定遗产管理人案件，就指定遗产管理人、变更遗产管理人的相关程序作出规定，实现实体法与程序法的有效衔接，推动实现保护遗产安全和完整、保障继承人和债权人合法权益的制度价值。

6. 完善再审申请程序和标准。明确当事人不服高级人民法院生效裁判时申请再审的管辖规则，规定当事人向最高人民法院申请再审的标准和条件。

《中华人民共和国民事诉讼法（修正草案）》和以上说明是否妥当，请审议。

# 全国人民代表大会宪法和法律委员会关于《中华人民共和国民事诉讼法（修正草案）》审议结果的报告

——2023年8月28日在第十四届全国人民代表大会常务委员会第五次会议上

全国人大宪法和法律委员会副主任委员　周光权

全国人民代表大会常务委员会：

十三届全国人大常委会第三十八次会议对民事诉讼法修正草案进行了初次审议。会后，法制工作委员会将修正草案印发中央有关单位、各省（区、市）、部分设区的市、基层立法联系点和部分全国人大代表等征求意见，并在中国人大网全文公布修正草案，征求社会公众意见。宪法和法律委员会、监察和司法委员会、法制工作委员会联合召开座谈会，听取全国人大代表、国务院有关部门、人民法院、基层立法联系点，以及有关协会、专家、律师的意见。宪法和法律委员会、法制工作委员会分别赴广西、广东、山西等地调研，并就修正草案中的主要问题与有关方面交换意见，共同研究。宪法和法律委员会于7月27日召开会议，根据常委会组成人员审议意见和各方面的意见，对修正草案进行了逐条审议。监察和司法委员会、最高人民法院有关负责同志列席了会议。8月23日，宪法和法律委员会召开会议，再次进行了审议。宪法和法律委员会认为，修正草案经过审议修改，已经比较成熟。同时，提出以下主要修改意见：

一、修正草案第三条规定，人民法院可以指派司法技术人员参与有关诉讼活动，协助查明专业技术事实。有的社会公众提出，该条是关于司法技术人员职责的规定，在民事诉讼法中规定这一内容尚有不同认识，建议删除该条规定。宪法和法律委员会经研究，建议采纳这一意见。

二、修正草案第五条规定，当事人上诉的，上诉状既可以向二审人民法院直接提出，也可以通过原审人民法院提出。有的地方、单位提出，规定可以向二审人民法院直接提交上诉状，在电子卷宗尚未全面施行的情况下，并不能真正提升送达效率，还可能产生原审法院和二审法院因沟通不畅而影响送达效率的问题，损害当事人的诉讼权利，建议删除该条规定，恢复现行民事诉讼法关于上诉状应当通过原审人民法院提出的规定。宪法和法律委员会经研究，建议采纳这一意见。

三、修正草案第七条规定，原审人民法院对发回重审的案件作出判决后，当事人提起上诉的，除严重违反法定程序外，二审人民法院不得再次发回重审。有的地方、单位提出，现行民事诉讼法关于二审人民法院不得再次发回重审的规定避免了程序空转，有效维护了当事人的诉讼权利，对此不应设置"除严重违反法定程序"的例外，建议删除该条规定。宪法和法律委员会经研究，建议采纳这一意见，恢复现行民事诉讼法的规定。

四、修正草案第十条规定，当事人对高级人民法院作出的已经发生法律效力的判决、裁定认为有错误的，原则上应当向原审人民法院申请再审，但当事人对原判决、裁定认定的事实和适用的诉讼程序等无异议，认为适用法律有错误，或者原判决、裁定是经高级人民法院审判委员会讨论决定的，可以向最高人民法院申请再审。有的部门、地方和单位提出，这一规定大大提高了当事人向最高人民法院申请再审的门槛，限制了当事人的诉讼权利，建议删除。最高人民法院提出，根据四级法院审级职能定位改革试点的情况，目前修改这一制度的条件还不成熟，建议此次不作修改。宪法和法律委员会经研究，建议采纳上述意见，删除该条规定。根据立法法有关规定和全国人大常委会2021年8月通过的《全国人民代表大会常务委员会关于授权最高人民法院组织开展四级法院审级职能定位改革试点工作的决定》，恢复施行民事诉讼法有关规定。

五、修正草案第十五条、第十六条规定了涉外消费者权益纠纷、信息网络侵权纠纷的地域管辖。有的地方、单位提出，草案关于涉外消费者权益纠纷的管辖规定只能适用于消费者与境外电商的线上消费纠纷，不能适用于线下纠纷的管辖，规定不准确，建议删除。有的地方提出，修正草案已经规定了涉外民事纠纷的地域管辖原则，没必要单独对这两类纠纷的管辖问题作出规定。宪法和法律委员会经研究，建议采纳上述意见。

六、修正草案第十九条规定，人民法院受理的涉外案件，被告提出管辖异议，且同时具有四项法定情形的，可以裁定驳回起诉，告知原告向更为方便的外国法院起诉。有的单位提出，应将"案件不属于人民法院专属管辖"增加规定为适用不方便法院原则的情形之一，以使这一制度更加完善。宪法和法律委员会经研究，建议采纳这一意见，在该条中增加相应规定。

**七、**修正草案第二十一条规定了涉外民事案件的送达方式。有的部门、社会公众提出，该条第一款第六项规定受送达人为外国人，其在我国境内的企业担任法定代表人或者公司董事、监事、高级管理人员的，向该企业送达，不利于保护个人隐私等，应当限定为个人与企业为共同被告的案件；第一款第七项规定向外国人在我国境内的同住成年家属送达，鉴于涉外送达针对的是在我国境内没有住所的受送达人，在此情况下难以认定谁为"同住成年家属"，建议删除；第一款第九项规定受送达人为在我国境外设立的独资企业，设立该企业的自然人、法人或者非法人组织在我国境内的，向该自然人、法人或者非法人组织送达，法理依据不足，且与该款第八项规定的受送达人为外国法人或者非法人组织的情形存在交叉，建议删除。有的部门、单位提出，第二款关于公告送达可与其他送达方式同时进行的规定不符合法理，且适用时难以准确界定送达时点，建议删除。宪法和法律委员会经研究，建议采纳上述意见，对该条规定作相应修改。

**八、**修正草案第二十二条规定，对具有我国国籍的证人，人民法院可以委托我国驻证人所在国的使领馆代为取证。有的部门、单位提出，委托使领馆代为取证的范围不应限于证人，还应包括当事人，且需所在国法律允许。宪法和法律委员会经研究，建议采纳这一意见，对该条规定作相应修改。

**九、**修正草案第二十五条第一项规定，外国法院依据其法律对案件无管辖权的，我国法院应当认定该外国法院对案件无管辖权；第四项规定，当事人存在有效仲裁协议的，应当认定外国法院无管辖权。有的单位、社会公众提出，第一项规定不够全面、准确，建议在该项中增加规定：虽然外国法院依据其法律对案件有管辖权，但与案件所涉纠纷无适当联系的，人民法院应当认定该外国法院没有管辖权。有的常委委员提出，第四项规定不妥，如果仲裁协议已经被外国法院认定为无效进而管辖的，我国法院不宜轻易否定外国法院的管辖权，建议删除。宪法和法律委员会经研究，建议采纳上述意见，对该条规定作相应修改。

十、有的部门、专家建议在民事诉讼法中增加与有关外国国家豁免法律的衔接性规定。宪法和法律委员会经研究，建议采纳这一意见，在民事诉讼法"涉外民事诉讼程序的特别规定"一编最后增加一条规定："涉及外国国家的民事诉讼，适用有关外国国家豁免的法律规定；有关法律没有规定的，适用本法。"

此外，还对修正草案作了一些文字修改。

7月31日，法制工作委员会召开会议，邀请全国人大代表、专家学者、法官、律师等，就修正草案中主要制度规范的可行性、法律出台时机、法律实施的社会效果和可能出现的问题等进行评估。普遍认为，修正草案贯彻落实党中央关于统筹推进国内法治和涉外法治的决策部署，着重对涉外民事诉讼程序制度进行了修改完善，有利于进一步提升涉外民事案件审判质效，更好保障当事人的诉讼权利和合法权益，更好维护我国主权、安全和发展利益。修正草案经过审议修改，已基本成熟，建议尽快出台。与会人员还对修正草案提出了一些具体修改意见，有的意见已经予以采纳。

宪法和法律委员会已按上述意见提出了全国人民代表大会常务委员会关于修改《中华人民共和国民事诉讼法》的决定（草案），建议提请本次常委会会议审议通过。

修改决定草案和以上报告是否妥当，请审议。

# 全国人民代表大会宪法和法律委员会关于《全国人民代表大会常务委员会关于修改〈中华人民共和国民事诉讼法〉的决定（草案）》修改意见的报告

——2023年8月31日在第十四届全国人民代表大会常务委员会第五次会议上

全国人民代表大会常务委员会：

　　本次常委会会议于8月28日下午对关于修改民事诉讼法的决定草案进行了分组审议。普遍认为，修改决定草案已经比较成熟，建议进一步修改后，提请本次常委会会议表决通过。同时，有些常委会组成人员和列席人员还提出了一些修改意见和建议。宪法和法律委员会于8月28日晚召开会议，逐条研究了常委会组成人员和列席人员的审议意见，对修改决定草案进行了审议。监察和司法委员会、最高人民法院有关负责同志列席了会议。宪法和法律委员会认为，修改决定草案是可行的，同时，提出以下修改意见：

　　一、修改决定草案第十二条规定，在平行诉讼中，如果当事人订立排他性管辖协议选择外国法院管辖且不违反本法对专属管辖的规定，不涉及中华人民共和国主权、安全或者社会公共利益的，人民法院可以裁定驳回起诉。有的常委委员提出，对平行诉讼中有此类情况的，人民法院可以裁定不予受理；对已经受理的案件，才是裁定驳回起诉，建议对相关表述予以完善。宪法和法律委员会经研究，建议采纳这一意见，将该条中的"人民法院可以裁定驳回起诉"修改为"人民法院可以裁定不予受理；已经受理的，裁定驳回起诉"。

二、修改决定草案第十三条第一款中规定，"外国法院先于人民法院受理，经当事人书面申请，人民法院可以裁定中止诉讼。"有的常委委员提出，该款规定是解决人民法院在平行诉讼中受理案件后是否以及如何中止诉讼的问题，草案的有关表述不够清晰、确切，建议研究修改。宪法和法律委员会经研究，建议将上述表述修改为"人民法院依据前条规定受理案件后，当事人以外国法院已经先于人民法院受理为由，书面申请人民法院中止诉讼的，人民法院可以裁定中止诉讼。"

在审议过程中，有的常委会组成人员还就加强法律通过后的宣传培训、制定修改配套司法解释等提出了一些很好的意见和建议。宪法和法律委员会建议最高人民法院认真研究常委会组成人员的审议意见，加强通过后的法律宣传，做好配套规定的制定修改，切实保障法律全面贯彻实施。

经与有关方面研究，建议将本决定的施行时间确定为2024年1月1日。

此外，根据常委会组成人员的审议意见，还对修改决定草案作了一些文字修改。

修改决定草案修改稿已按上述意见作了修改，宪法和法律委员会建议本次常委会会议审议通过。

修改决定草案修改稿和以上报告是否妥当，请审议。

# 民事诉讼法条文新旧对照表

（左栏黑体字部分为新增加的内容，右栏删除线部分为删除的内容，两栏下划线部分为修改的内容）

| 修正后（2023年9月1日） | 修正前（2021年12月24日） |
|---|---|
| 目　　录 | 目　　录 |
| 第一编　总　　则 | 第一编　总　　则 |
| 第一章　任务、适用范围和基本原则 | 第一章　任务、适用范围和基本原则 |
| 第二章　管　　辖 | 第二章　管　　辖 |
| 　第一节　级别管辖 | 　第一节　级别管辖 |
| 　第二节　地域管辖 | 　第二节　地域管辖 |
| 　第三节　移送管辖和指定管辖 | 　第三节　移送管辖和指定管辖 |
| 第三章　审判组织 | 第三章　审判组织 |
| 第四章　回　　避 | 第四章　回　　避 |
| 第五章　诉讼参加人 | 第五章　诉讼参加人 |
| 　第一节　当事人 | 　第一节　当事人 |
| 　第二节　诉讼代理人 | 　第二节　诉讼代理人 |
| 第六章　证　　据 | 第六章　证　　据 |
| 第七章　期间、送达 | 第七章　期间、送达 |
| 　第一节　期　　间 | 　第一节　期　　间 |
| 　第二节　送　　达 | 　第二节　送　　达 |
| 第八章　调　　解 | 第八章　调　　解 |
| 第九章　保全和先予执行 | 第九章　保全和先予执行 |
| 第十章　对妨害民事诉讼的强制措施 | 第十章　对妨害民事诉讼的强制措施 |
| 第十一章　诉讼费用 | 第十一章　诉讼费用 |
| 第二编　审判程序 | 第二编　审判程序 |
| 第十二章　第一审普通程序 | 第十二章　第一审普通程序 |

145

| 修正后（2023年9月1日） | 修正前（2021年12月24日） |
|---|---|
| 第一节　起诉和受理 | 第一节　起诉和受理 |
| 第二节　审理前的准备 | 第二节　审理前的准备 |
| 第三节　开庭审理 | 第三节　开庭审理 |
| 第四节　诉讼中止和终结 | 第四节　诉讼中止和终结 |
| 第五节　判决和裁定 | 第五节　判决和裁定 |
| 第十三章　简易程序 | 第十三章　简易程序 |
| 第十四章　第二审程序 | 第十四章　第二审程序 |
| 第十五章　特别程序 | 第十五章　特别程序 |
| 第一节　一般规定 | 第一节　一般规定 |
| 第二节　选民资格案件 | 第二节　选民资格案件 |
| 第三节　宣告失踪、宣告死亡案件 | 第三节　宣告失踪、宣告死亡案件 |
| **第四节　指定遗产管理人案件** | 第<u>四</u>节　认定公民无民事行为能力、限制民事行为能力案件 |
| 第<u>五</u>节　认定公民无民事行为能力、限制民事行为能力案件 | 第五节　认定财产无主案件 |
| 第<u>六</u>节　认定财产无主案件 | 第<u>六</u>节　确认调解协议案件 |
| 第<u>七</u>节　确认调解协议案件 | 第<u>七</u>节　实现担保物权案件 |
| 第<u>八</u>节　实现担保物权案件 | 第十六章　审判监督程序 |
| 第十六章　审判监督程序 | 第十七章　督促程序 |
| 第十七章　督促程序 | 第十八章　公示催告程序 |
| 第十八章　公示催告程序 | 第三编　执行程序 |
| **第三编　执行程序** | 第十九章　一般规定 |
| 第十九章　一般规定 | 第二十章　执行的申请和移送 |
| 第二十章　执行的申请和移送 | 第二十一章　执行措施 |
| 第二十一章　执行措施 | 第二十二章　执行中止和终结 |
| 第二十二章　执行中止和终结 | 第四编　涉外民事诉讼程序的特别规定 |
| 第四编　涉外民事诉讼程序的特别规定 | 第二十三章　一般原则 |
| 第二十三章　一般原则 | 第二十四章　管　　辖 |
| 第二十四章　管　　辖 | 第二十五章　送达、期间 |
| 第二十五章　送达、**调查取证**、期间 | 第二十六章　仲　　裁 |
| 第二十六章　仲　　裁 | 第二十七章　司法协助 |
| 第二十七章　司法协助 | |

| 修正后（2023年9月1日） | 修正前（2021年12月24日） |
|---|---|
| 第一编 总 则 | 第一编 总 则 |
| 第一章 任务、适用范围和基本原则 | 第一章 任务、适用范围和基本原则 |
| **第一条** 中华人民共和国民事诉讼法以宪法为根据，结合我国民事审判工作的经验和实际情况制定。 | **第一条** 中华人民共和国民事诉讼法以宪法为根据，结合我国民事审判工作的经验和实际情况制定。 |
| **第二条** 中华人民共和国民事诉讼法的任务，是保护当事人行使诉讼权利，保证人民法院查明事实，分清是非，正确适用法律，及时审理民事案件，确认民事权利义务关系，制裁民事违法行为，保护当事人的合法权益，教育公民自觉遵守法律，维护社会秩序、经济秩序，保障社会主义建设事业顺利进行。 | **第二条** 中华人民共和国民事诉讼法的任务，是保护当事人行使诉讼权利，保证人民法院查明事实，分清是非，正确适用法律，及时审理民事案件，确认民事权利义务关系，制裁民事违法行为，保护当事人的合法权益，教育公民自觉遵守法律，维护社会秩序、经济秩序，保障社会主义建设事业顺利进行。 |
| **第三条** 人民法院受理公民之间、法人之间、其他组织之间以及他们相互之间因财产关系和人身关系提起的民事诉讼，适用本法的规定。 | **第三条** 人民法院受理公民之间、法人之间、其他组织之间以及他们相互之间因财产关系和人身关系提起的民事诉讼，适用本法的规定。 |
| **第四条** 凡在中华人民共和国领域内进行民事诉讼，必须遵守本法。 | **第四条** 凡在中华人民共和国领域内进行民事诉讼，必须遵守本法。 |
| **第五条** 外国人、无国籍人、外国企业和组织在人民法院起诉、应诉，同中华人民共和国公民、法人和其他组织有同等的诉讼权利义务。<br>外国法院对中华人民共和国公民、法人和其他组织的民事诉讼权利加以限制的，中华人民共和国人民法院对该国公民、企业和组织的民事诉讼权利，实行对等原则。 | **第五条** 外国人、无国籍人、外国企业和组织在人民法院起诉、应诉，同中华人民共和国公民、法人和其他组织有同等的诉讼权利义务。<br>外国法院对中华人民共和国公民、法人和其他组织的民事诉讼权利加以限制的，中华人民共和国人民法院对该国公民、企业和组织的民事诉讼权利，实行对等原则。 |

| 修正后（2023年9月1日） | 修正前（2021年12月24日） |
|---|---|
| 第六条　民事案件的审判权由人民法院行使。<br>　　人民法院依照法律规定对民事案件独立进行审判，不受行政机关、社会团体和个人的干涉。 | 第六条　民事案件的审判权由人民法院行使。<br>　　人民法院依照法律规定对民事案件独立进行审判，不受行政机关、社会团体和个人的干涉。 |
| 第七条　人民法院审理民事案件，必须以事实为根据，以法律为准绳。 | 第七条　人民法院审理民事案件，必须以事实为根据，以法律为准绳。 |
| 第八条　民事诉讼当事人有平等的诉讼权利。人民法院审理民事案件，应当保障和便利当事人行使诉讼权利，对当事人在适用法律上一律平等。 | 第八条　民事诉讼当事人有平等的诉讼权利。人民法院审理民事案件，应当保障和便利当事人行使诉讼权利，对当事人在适用法律上一律平等。 |
| 第九条　人民法院审理民事案件，应当根据自愿和合法的原则进行调解；调解不成的，应当及时判决。 | 第九条　人民法院审理民事案件，应当根据自愿和合法的原则进行调解；调解不成的，应当及时判决。 |
| 第十条　人民法院审理民事案件，依照法律规定实行合议、回避、公开审判和两审终审制度。 | 第十条　人民法院审理民事案件，依照法律规定实行合议、回避、公开审判和两审终审制度。 |
| 第十一条　各民族公民都有用本民族语言、文字进行民事诉讼的权利。<br>　　在少数民族聚居或者多民族共同居住的地区，人民法院应当用当地民族通用的语言、文字进行审理和发布法律文书。<br>　　人民法院应当对不通晓当地民族通用的语言、文字的诉讼参与人提供翻译。 | 第十一条　各民族公民都有用本民族语言、文字进行民事诉讼的权利。<br>　　在少数民族聚居或者多民族共同居住的地区，人民法院应当用当地民族通用的语言、文字进行审理和发布法律文书。<br>　　人民法院应当对不通晓当地民族通用的语言、文字的诉讼参与人提供翻译。 |
| 第十二条　人民法院审理民事案件时，当事人有权进行辩论。 | 第十二条　人民法院审理民事案件时，当事人有权进行辩论。 |

| 修正后（2023年9月1日） | 修正前（2021年12月24日） |
|---|---|
| **第十三条** 民事诉讼应当遵循诚信原则。<br>　　当事人有权在法律规定的范围内处分自己的民事权利和诉讼权利。 | **第十三条** 民事诉讼应当遵循诚信原则。<br>　　当事人有权在法律规定的范围内处分自己的民事权利和诉讼权利。 |
| **第十四条** 人民检察院有权对民事诉讼实行法律监督。 | **第十四条** 人民检察院有权对民事诉讼实行法律监督。 |
| **第十五条** 机关、社会团体、企业事业单位对损害国家、集体或者个人民事权益的行为，可以支持受损害的单位或者个人向人民法院起诉。 | **第十五条** 机关、社会团体、企业事业单位对损害国家、集体或者个人民事权益的行为，可以支持受损害的单位或者个人向人民法院起诉。 |
| **第十六条** 经当事人同意，民事诉讼活动可以通过信息网络平台在线进行。<br>　　民事诉讼活动通过信息网络平台在线进行的，与线下诉讼活动具有同等法律效力。 | **第十六条** 经当事人同意，民事诉讼活动可以通过信息网络平台在线进行。<br>　　民事诉讼活动通过信息网络平台在线进行的，与线下诉讼活动具有同等法律效力。 |
| **第十七条** 民族自治地方的人民代表大会根据宪法和本法的原则，结合当地民族的具体情况，可以制定变通或者补充的规定。自治区的规定，报全国人民代表大会常务委员会批准。自治州、自治县的规定，报省或者自治区的人民代表大会常务委员会批准，并报全国人民代表大会常务委员会备案。 | **第十七条** 民族自治地方的人民代表大会根据宪法和本法的原则，结合当地民族的具体情况，可以制定变通或者补充的规定。自治区的规定，报全国人民代表大会常务委员会批准。自治州、自治县的规定，报省或者自治区的人民代表大会常务委员会批准，并报全国人民代表大会常务委员会备案。 |
| 第二章　管　辖 | 第二章　管　辖 |
| 第一节　级别管辖 | 第一节　级别管辖 |
| **第十八条** 基层人民法院管辖第一审民事案件，但本法另有规定的除外。 | **第十八条** 基层人民法院管辖第一审民事案件，但本法另有规定的除外。 |

| 修正后（2023年9月1日） | 修正前（2021年12月24日） |
|---|---|
| 第十九条 中级人民法院管辖下列第一审民事案件：<br>（一）重大涉外案件；<br>（二）在本辖区有重大影响的案件；<br>（三）最高人民法院确定由中级人民法院管辖的案件。 | 第十九条 中级人民法院管辖下列第一审民事案件：<br>（一）重大涉外案件；<br>（二）在本辖区有重大影响的案件；<br>（三）最高人民法院确定由中级人民法院管辖的案件。 |
| 第二十条 高级人民法院管辖在本辖区有重大影响的第一审民事案件。 | 第二十条 高级人民法院管辖在本辖区有重大影响的第一审民事案件。 |
| 第二十一条 最高人民法院管辖下列第一审民事案件：<br>（一）在全国有重大影响的案件；<br>（二）认为应当由本院审理的案件。 | 第二十一条 最高人民法院管辖下列第一审民事案件：<br>（一）在全国有重大影响的案件；<br>（二）认为应当由本院审理的案件。 |
| 第二节 地域管辖 | 第二节 地域管辖 |
| 第二十二条 对公民提起的民事诉讼，由被告住所地人民法院管辖；被告住所地与经常居住地不一致的，由经常居住地人民法院管辖。<br>对法人或者其他组织提起的民事诉讼，由被告住所地人民法院管辖。<br>同一诉讼的几个被告住所地、经常居住地在两个以上人民法院辖区的，各该人民法院都有管辖权。 | 第二十二条 对公民提起的民事诉讼，由被告住所地人民法院管辖；被告住所地与经常居住地不一致的，由经常居住地人民法院管辖。<br>对法人或者其他组织提起的民事诉讼，由被告住所地人民法院管辖。<br>同一诉讼的几个被告住所地、经常居住地在两个以上人民法院辖区的，各该人民法院都有管辖权。 |
| 第二十三条 下列民事诉讼，由原告住所地人民法院管辖；原告住所地与经常居住地不一致的，由原告经常居住地人民法院管辖：<br>（一）对不在中华人民共和国领域内居住的人提起的有关身份关系的诉讼； | 第二十三条 下列民事诉讼，由原告住所地人民法院管辖；原告住所地与经常居住地不一致的，由原告经常居住地人民法院管辖：<br>（一）对不在中华人民共和国领域内居住的人提起的有关身份关系的诉讼； |

| 修正后（2023年9月1日） | 修正前（2021年12月24日） |
|---|---|
| （二）对下落不明或者宣告失踪的人提起的有关身份关系的诉讼；<br>（三）对被采取强制性教育措施的人提起的诉讼；<br>（四）对被监禁的人提起的诉讼。 | （二）对下落不明或者宣告失踪的人提起的有关身份关系的诉讼；<br>（三）对被采取强制性教育措施的人提起的诉讼；<br>（四）对被监禁的人提起的诉讼。 |
| 第二十四条 因合同纠纷提起的诉讼，由被告住所地或者合同履行地人民法院管辖。 | 第二十四条 因合同纠纷提起的诉讼，由被告住所地或者合同履行地人民法院管辖。 |
| 第二十五条 因保险合同纠纷提起的诉讼，由被告住所地或者保险标的物所在地人民法院管辖。 | 第二十五条 因保险合同纠纷提起的诉讼，由被告住所地或者保险标的物所在地人民法院管辖。 |
| 第二十六条 因票据纠纷提起的诉讼，由票据支付地或者被告住所地人民法院管辖。 | 第二十六条 因票据纠纷提起的诉讼，由票据支付地或者被告住所地人民法院管辖。 |
| 第二十七条 因公司设立、确认股东资格、分配利润、解散等纠纷提起的诉讼，由公司住所地人民法院管辖。 | 第二十七条 因公司设立、确认股东资格、分配利润、解散等纠纷提起的诉讼，由公司住所地人民法院管辖。 |
| 第二十八条 因铁路、公路、水上、航空运输和联合运输合同纠纷提起的诉讼，由运输始发地、目的地或者被告住所地人民法院管辖。 | 第二十八条 因铁路、公路、水上、航空运输和联合运输合同纠纷提起的诉讼，由运输始发地、目的地或者被告住所地人民法院管辖。 |
| 第二十九条 因侵权行为提起的诉讼，由侵权行为地或者被告住所地人民法院管辖。 | 第二十九条 因侵权行为提起的诉讼，由侵权行为地或者被告住所地人民法院管辖。 |
| 第三十条 因铁路、公路、水上和航空事故请求损害赔偿提起的诉讼，由事故发生地或者车辆、船舶最先到达地、航空器最先降落地或者被告住所地人民法院管辖。 | 第三十条 因铁路、公路、水上和航空事故请求损害赔偿提起的诉讼，由事故发生地或者车辆、船舶最先到达地、航空器最先降落地或者被告住所地人民法院管辖。 |

| 修正后（2023年9月1日） | 修正前（2021年12月24日） |
|---|---|
| 第三十一条 因船舶碰撞或者其他海事损害事故请求损害赔偿提起的诉讼，由碰撞发生地、碰撞船舶最先到达地、加害船舶被扣留地或者被告住所地人民法院管辖。 | 第三十一条 因船舶碰撞或者其他海事损害事故请求损害赔偿提起的诉讼，由碰撞发生地、碰撞船舶最先到达地、加害船舶被扣留地或者被告住所地人民法院管辖。 |
| 第三十二条 因海难救助费用提起的诉讼，由救助地或者被救助船舶最先到达地人民法院管辖。 | 第三十二条 因海难救助费用提起的诉讼，由救助地或者被救助船舶最先到达地人民法院管辖。 |
| 第三十三条 因共同海损提起的诉讼，由船舶最先到达地、共同海损理算地或者航程终止地的人民法院管辖。 | 第三十三条 因共同海损提起的诉讼，由船舶最先到达地、共同海损理算地或者航程终止地的人民法院管辖。 |
| 第三十四条 下列案件，由本条规定的人民法院专属管辖：<br>（一）因不动产纠纷提起的诉讼，由不动产所在地人民法院管辖；<br>（二）因港口作业中发生纠纷提起的诉讼，由港口所在地人民法院管辖；<br>（三）因继承遗产纠纷提起的诉讼，由被继承人死亡时住所地或者主要遗产所在地人民法院管辖。 | 第三十四条 下列案件，由本条规定的人民法院专属管辖：<br>（一）因不动产纠纷提起的诉讼，由不动产所在地人民法院管辖；<br>（二）因港口作业中发生纠纷提起的诉讼，由港口所在地人民法院管辖；<br>（三）因继承遗产纠纷提起的诉讼，由被继承人死亡时住所地或者主要遗产所在地人民法院管辖。 |
| 第三十五条 合同或者其他财产权益纠纷的当事人可以书面协议选择被告住所地、合同履行地、合同签订地、原告住所地、标的物所在地等与争议有实际联系的地点的人民法院管辖，但不得违反本法对级别管辖和专属管辖的规定。 | 第三十五条 合同或者其他财产权益纠纷的当事人可以书面协议选择被告住所地、合同履行地、合同签订地、原告住所地、标的物所在地等与争议有实际联系的地点的人民法院管辖，但不得违反本法对级别管辖和专属管辖的规定。 |
| 第三十六条 两个以上人民法院都有管辖权的诉讼，原告可以向其 | 第三十六条 两个以上人民法院都有管辖权的诉讼，原告可以向其 |

| 修正后（2023年9月1日） | 修正前（2021年12月24日） |
|---|---|
| 中一个人民法院起诉；原告向两个以上有管辖权的人民法院起诉的，由最先立案的人民法院管辖。 | 中一个人民法院起诉；原告向两个以上有管辖权的人民法院起诉的，由最先立案的人民法院管辖。 |
| 第三节　移送管辖和指定管辖 | 第三节　移送管辖和指定管辖 |
| 　　第三十七条　人民法院发现受理的案件不属于本院管辖的，应当移送有管辖权的人民法院，受移送的人民法院应当受理。受移送的人民法院认为受移送的案件依照规定不属于本院管辖的，应当报请上级人民法院指定管辖，不得再自行移送。 | 　　第三十七条　人民法院发现受理的案件不属于本院管辖的，应当移送有管辖权的人民法院，受移送的人民法院应当受理。受移送的人民法院认为受移送的案件依照规定不属于本院管辖的，应当报请上级人民法院指定管辖，不得再自行移送。 |
| 　　第三十八条　有管辖权的人民法院由于特殊原因，不能行使管辖权的，由上级人民法院指定管辖。<br>　　人民法院之间因管辖权发生争议，由争议双方协商解决；协商解决不了的，报请它们的共同上级人民法院指定管辖。 | 　　第三十八条　有管辖权的人民法院由于特殊原因，不能行使管辖权的，由上级人民法院指定管辖。<br>　　人民法院之间因管辖权发生争议，由争议双方协商解决；协商解决不了的，报请它们的共同上级人民法院指定管辖。 |
| 　　第三十九条　上级人民法院有权审理下级人民法院管辖的第一审民事案件；确有必要将本院管辖的第一审民事案件交下级人民法院审理的，应当报请其上级人民法院批准。<br>　　下级人民法院对它所管辖的第一审民事案件，认为需要由上级人民法院审理的，可以报请上级人民法院审理。 | 　　第三十九条　上级人民法院有权审理下级人民法院管辖的第一审民事案件；确有必要将本院管辖的第一审民事案件交下级人民法院审理的，应当报请其上级人民法院批准。<br>　　下级人民法院对它所管辖的第一审民事案件，认为需要由上级人民法院审理的，可以报请上级人民法院审理。 |
| 第三章　审判组织 | 第三章　审判组织 |
| 　　第四十条　人民法院审理第一审民事案件，由审判员、**人民陪审员**共同组成合议庭或者由审判员组成合 | 　　第四十条　人民法院审理第一审民事案件，由审判员、陪审员共同组成合议庭或者由审判员组成合议 |

| 修正后（2023年9月1日） | 修正前（2021年12月24日） |
|---|---|
| 议庭。合议庭的成员人数，必须是单数。<br>　　适用简易程序审理的民事案件，由审判员一人独任审理。基层人民法院审理的基本事实清楚、权利义务关系明确的第一审民事案件，可以由审判员一人适用普通程序独任审理。<br>　　**人民陪审员**在**参加审判活动时**，**除法律另有规定外**，与审判员有同等的权利义务。 | 庭。合议庭的成员人数，必须是单数。<br>　　适用简易程序审理的民事案件，由审判员一人独任审理。基层人民法院审理的基本事实清楚、权利义务关系明确的第一审民事案件，可以由审判员一人适用普通程序独任审理。<br>　　陪审员<u>在执行陪审职务时</u>，与审判员有同等的权利义务。 |
| 　　第四十一条　人民法院审理第二审民事案件，由审判员组成合议庭。合议庭的成员人数，必须是单数。<br>　　中级人民法院对第一审适用简易程序审结或者不服裁定提起上诉的第二审民事案件，事实清楚、权利义务关系明确的，经双方当事人同意，可以由审判员一人独任审理。<br>　　发回重审的案件，原审人民法院应当按照第一审程序另行组成合议庭。<br>　　审理再审案件，原来是第一审的，按照第一审程序另行组成合议庭；原来是第二审的或者是上级人民法院提审的，按照第二审程序另行组成合议庭。 | 　　第四十一条　人民法院审理第二审民事案件，由审判员组成合议庭。合议庭的成员人数，必须是单数。<br>　　中级人民法院对第一审适用简易程序审结或者不服裁定提起上诉的第二审民事案件，事实清楚、权利义务关系明确的，经双方当事人同意，可以由审判员一人独任审理。<br>　　发回重审的案件，原审人民法院应当按照第一审程序另行组成合议庭。<br>　　审理再审案件，原来是第一审的，按照第一审程序另行组成合议庭；原来是第二审的或者是上级人民法院提审的，按照第二审程序另行组成合议庭。 |
| 　　第四十二条　人民法院审理下列民事案件，不得由审判员一人独任审理：<br>　　（一）涉及国家利益、社会公共利益的案件；<br>　　（二）涉及群体性纠纷，可能影响社会稳定的案件； | 　　第四十二条　人民法院审理下列民事案件，不得由审判员一人独任审理：<br>　　（一）涉及国家利益、社会公共利益的案件；<br>　　（二）涉及群体性纠纷，可能影响社会稳定的案件； |

| 修正后（2023年9月1日） | 修正前（2021年12月24日） |
|---|---|
| （三）人民群众广泛关注或者其他社会影响较大的案件；<br>（四）属于新类型或者疑难复杂的案件；<br>（五）法律规定应当组成合议庭审理的案件；<br>（六）其他不宜由审判员一人独任审理的案件。 | （三）人民群众广泛关注或者其他社会影响较大的案件；<br>（四）属于新类型或者疑难复杂的案件；<br>（五）法律规定应当组成合议庭审理的案件；<br>（六）其他不宜由审判员一人独任审理的案件。 |
| 　　第四十三条　人民法院在审理过程中，发现案件不宜由审判员一人独任审理的，应当裁定转由合议庭审理。<br>　　当事人认为案件由审判员一人独任审理违反法律规定的，可以向人民法院提出异议。人民法院对当事人提出的异议应当审查，异议成立的，裁定转由合议庭审理；异议不成立的，裁定驳回。 | 　　第四十三条　人民法院在审理过程中，发现案件不宜由审判员一人独任审理的，应当裁定转由合议庭审理。<br>　　当事人认为案件由审判员一人独任审理违反法律规定的，可以向人民法院提出异议。人民法院对当事人提出的异议应当审查，异议成立的，裁定转由合议庭审理；异议不成立的，裁定驳回。 |
| 　　第四十四条　合议庭的审判长由院长或者庭长指定审判员一人担任；院长或者庭长参加审判的，由院长或者庭长担任。 | 　　第四十四条　合议庭的审判长由院长或者庭长指定审判员一人担任；院长或者庭长参加审判的，由院长或者庭长担任。 |
| 　　第四十五条　合议庭评议案件，实行少数服从多数的原则。评议应当制作笔录，由合议庭成员签名。评议中的不同意见，必须如实记入笔录。 | 　　第四十五条　合议庭评议案件，实行少数服从多数的原则。评议应当制作笔录，由合议庭成员签名。评议中的不同意见，必须如实记入笔录。 |
| 　　第四十六条　审判人员应当依法秉公办案。<br>　　审判人员不得接受当事人及其诉讼代理人请客送礼。<br>　　审判人员有贪污受贿，徇私舞弊， | 　　第四十六条　审判人员应当依法秉公办案。<br>　　审判人员不得接受当事人及其诉讼代理人请客送礼。<br>　　审判人员有贪污受贿，徇私舞弊， |

| 修正后（2023年9月1日） | 修正前（2021年12月24日） |
|---|---|
| 枉法裁判行为的，应当追究法律责任；构成犯罪的，依法追究刑事责任。 | 枉法裁判行为的，应当追究法律责任；构成犯罪的，依法追究刑事责任。 |
| 第四章　回　避 | 第四章　回　避 |
| 　　第四十七条　审判人员有下列情形之一的，应当自行回避，当事人有权用口头或者书面方式申请他们回避：<br>　　（一）是本案当事人或者当事人、诉讼代理人近亲属的；<br>　　（二）与本案有利害关系的；<br>　　（三）与本案当事人、诉讼代理人有其他关系，可能影响对案件公正审理的。<br>　　审判人员接受当事人、诉讼代理人请客送礼，或者违反规定会见当事人、诉讼代理人的，当事人有权要求他们回避。<br>　　审判人员有前款规定的行为的，应当依法追究法律责任。<br>　　前三款规定，适用于**法官助理**、书记员、**司法技术人员**、翻译人员、鉴定人、勘验人。 | 　　第四十七条　审判人员有下列情形之一的，应当自行回避，当事人有权用口头或者书面方式申请他们回避：<br>　　（一）是本案当事人或者当事人、诉讼代理人近亲属的；<br>　　（二）与本案有利害关系的；<br>　　（三）与本案当事人、诉讼代理人有其他关系，可能影响对案件公正审理的。<br>　　审判人员接受当事人、诉讼代理人请客送礼，或者违反规定会见当事人、诉讼代理人的，当事人有权要求他们回避。<br>　　审判人员有前款规定的行为的，应当依法追究法律责任。<br>　　前三款规定，适用于书记员、翻译人员、鉴定人、勘验人。 |
| 　　第四十八条　当事人提出回避申请，应当说明理由，在案件开始审理时提出；回避事由在案件开始审理后知道的，也可以在法庭辩论终结前提出。<br>　　被申请回避的人员在人民法院作出是否回避的决定前，应当暂停参与本案的工作，但案件需要采取紧急措施的除外。 | 　　第四十八条　当事人提出回避申请，应当说明理由，在案件开始审理时提出；回避事由在案件开始审理后知道的，也可以在法庭辩论终结前提出。<br>　　被申请回避的人员在人民法院作出是否回避的决定前，应当暂停参与本案的工作，但案件需要采取紧急措施的除外。 |

| 修正后（2023年9月1日） | 修正前（2021年12月24日） |
|---|---|
| **第四十九条** 院长担任审判长或者独任审判员时的回避，由审判委员会决定；审判人员的回避，由院长决定；其他人员的回避，由审判长或者独任审判员决定。 | **第四十九条** 院长担任审判长或者独任审判员时的回避，由审判委员会决定；审判人员的回避，由院长决定；其他人员的回避，由审判长或者独任审判员决定。 |
| **第五十条** 人民法院对当事人提出的回避申请，应当在申请提出的三日内，以口头或者书面形式作出决定。申请人对决定不服的，可以在接到决定时申请复议一次。复议期间，被申请回避的人员，不停止参与本案的工作。人民法院对复议申请，应当在三日内作出复议决定，并通知复议申请人。 | **第五十条** 人民法院对当事人提出的回避申请，应当在申请提出的三日内，以口头或者书面形式作出决定。申请人对决定不服的，可以在接到决定时申请复议一次。复议期间，被申请回避的人员，不停止参与本案的工作。人民法院对复议申请，应当在三日内作出复议决定，并通知复议申请人。 |
| 第五章　诉讼参加人 | 第五章　诉讼参加人 |
| 第一节　当事人 | 第一节　当事人 |
| **第五十一条** 公民、法人和其他组织可以作为民事诉讼的当事人。<br>法人由其法定代表人进行诉讼。其他组织由其主要负责人进行诉讼。 | **第五十一条** 公民、法人和其他组织可以作为民事诉讼的当事人。<br>法人由其法定代表人进行诉讼。其他组织由其主要负责人进行诉讼。 |
| **第五十二条** 当事人有权委托代理人，提出回避申请，收集、提供证据，进行辩论，请求调解，提起上诉，申请执行。<br>当事人可以查阅本案有关材料，并可以复制本案有关材料和法律文书。查阅、复制本案有关材料的范围和办法由最高人民法院规定。<br>当事人必须依法行使诉讼权利，遵守诉讼秩序，履行发生法律效力的判决书、裁定书和调解书。 | **第五十二条** 当事人有权委托代理人，提出回避申请，收集、提供证据，进行辩论，请求调解，提起上诉，申请执行。<br>当事人可以查阅本案有关材料，并可以复制本案有关材料和法律文书。查阅、复制本案有关材料的范围和办法由最高人民法院规定。<br>当事人必须依法行使诉讼权利，遵守诉讼秩序，履行发生法律效力的判决书、裁定书和调解书。 |

| 修正后（2023年9月1日） | 修正前（2021年12月24日） |
|---|---|
| 第五十三条　双方当事人可以自行和解。 | 第五十三条　双方当事人可以自行和解。 |
| 第五十四条　原告可以放弃或者变更诉讼请求。被告可以承认或者反驳诉讼请求，有权提起反诉。 | 第五十四条　原告可以放弃或者变更诉讼请求。被告可以承认或者反驳诉讼请求，有权提起反诉。 |
| 第五十五条　当事人一方或者双方为二人以上，其诉讼标的是共同的，或者诉讼标的是同一种类、人民法院认为可以合并审理并经当事人同意的，为共同诉讼。<br>　　共同诉讼的一方当事人对诉讼标的有共同权利义务的，其中一人的诉讼行为经其他共同诉讼人承认，对其他共同诉讼人发生效力；对诉讼标的没有共同权利义务的，其中一人的诉讼行为对其他共同诉讼人不发生效力。 | 第五十五条　当事人一方或者双方为二人以上，其诉讼标的是共同的，或者诉讼标的是同一种类、人民法院认为可以合并审理并经当事人同意的，为共同诉讼。<br>　　共同诉讼的一方当事人对诉讼标的有共同权利义务的，其中一人的诉讼行为经其他共同诉讼人承认，对其他共同诉讼人发生效力；对诉讼标的没有共同权利义务的，其中一人的诉讼行为对其他共同诉讼人不发生效力。 |
| 第五十六条　当事人一方人数众多的共同诉讼，可以由当事人推选代表人进行诉讼。代表人的诉讼行为对其所代表的当事人发生效力，但代表人变更、放弃诉讼请求或者承认对方当事人的诉讼请求，进行和解，必须经被代表的当事人同意。 | 第五十六条　当事人一方人数众多的共同诉讼，可以由当事人推选代表人进行诉讼。代表人的诉讼行为对其所代表的当事人发生效力，但代表人变更、放弃诉讼请求或者承认对方当事人的诉讼请求，进行和解，必须经被代表的当事人同意。 |
| 第五十七条　诉讼标的是同一种类、当事人一方人数众多在起诉时人数尚未确定的，人民法院可以发出公告，说明案件情况和诉讼请求，通知权利人在一定期间向人民法院登记。<br>　　向人民法院登记的权利人可以推选代表人进行诉讼；推选不出代表 | 第五十七条　诉讼标的是同一种类、当事人一方人数众多在起诉时人数尚未确定的，人民法院可以发出公告，说明案件情况和诉讼请求，通知权利人在一定期间向人民法院登记。<br>　　向人民法院登记的权利人可以推选代表人进行诉讼；推选不出代表 |

| 修正后（2023年9月1日） | 修正前（2021年12月24日） |
|---|---|
| 人的，人民法院可以与参加登记的权利人商定代表人。<br>　　代表人的诉讼行为对其所代表的当事人发生效力，但代表人变更、放弃诉讼请求或者承认对方当事人的诉讼请求，进行和解，必须经被代表的当事人同意。<br>　　人民法院作出的判决、裁定，对参加登记的全体权利人发生效力。未参加登记的权利人在诉讼时效期间提起诉讼的，适用该判决、裁定。 | 人的，人民法院可以与参加登记的权利人商定代表人。<br>　　代表人的诉讼行为对其所代表的当事人发生效力，但代表人变更、放弃诉讼请求或者承认对方当事人的诉讼请求，进行和解，必须经被代表的当事人同意。<br>　　人民法院作出的判决、裁定，对参加登记的全体权利人发生效力。未参加登记的权利人在诉讼时效期间提起诉讼的，适用该判决、裁定。 |
| 　　**第五十八条**　对污染环境、侵害众多消费者合法权益等损害社会公共利益的行为，法律规定的机关和有关组织可以向人民法院提起诉讼。<br>　　人民检察院在履行职责中发现破坏生态环境和资源保护、食品药品安全领域侵害众多消费者合法权益等损害社会公共利益的行为，在没有前款规定的机关和组织或者前款规定的机关和组织不提起诉讼的情况下，可以向人民法院提起诉讼。前款规定的机关或者组织提起诉讼的，人民检察院可以支持起诉。 | 　　**第五十八条**　对污染环境、侵害众多消费者合法权益等损害社会公共利益的行为，法律规定的机关和有关组织可以向人民法院提起诉讼。<br>　　人民检察院在履行职责中发现破坏生态环境和资源保护、食品药品安全领域侵害众多消费者合法权益等损害社会公共利益的行为，在没有前款规定的机关和组织或者前款规定的机关和组织不提起诉讼的情况下，可以向人民法院提起诉讼。前款规定的机关或者组织提起诉讼的，人民检察院可以支持起诉。 |
| 　　**第五十九条**　对当事人双方的诉讼标的，第三人认为有独立请求权的，有权提起诉讼。<br>　　对当事人双方的诉讼标的，第三人虽然没有独立请求权，但案件处理结果同他有法律上的利害关系的，可以申请参加诉讼，或者由人民法院通知他参加诉讼。人民法院判 | 　　**第五十九条**　对当事人双方的诉讼标的，第三人认为有独立请求权的，有权提起诉讼。<br>　　对当事人双方的诉讼标的，第三人虽然没有独立请求权，但案件处理结果同他有法律上的利害关系的，可以申请参加诉讼，或者由人民法院通知他参加诉讼。人民法院判 |

| 修正后（2023年9月1日） | 修正前（2021年12月24日） |
|---|---|
| 决承担民事责任的第三人，有当事人的诉讼权利义务。<br>前两款规定的第三人，因不能归责于本人的事由未参加诉讼，但有证据证明发生法律效力的判决、裁定、调解书的部分或者全部内容错误，损害其民事权益的，可以自知道或者应当知道其民事权益受到损害之日起六个月内，向作出该判决、裁定、调解书的人民法院提起诉讼。人民法院经审理，诉讼请求成立的，应当改变或者撤销原判决、裁定、调解书；诉讼请求不成立的，驳回诉讼请求。 | 决承担民事责任的第三人，有当事人的诉讼权利义务。<br>前两款规定的第三人，因不能归责于本人的事由未参加诉讼，但有证据证明发生法律效力的判决、裁定、调解书的部分或者全部内容错误，损害其民事权益的，可以自知道或者应当知道其民事权益受到损害之日起六个月内，向作出该判决、裁定、调解书的人民法院提起诉讼。人民法院经审理，诉讼请求成立的，应当改变或者撤销原判决、裁定、调解书；诉讼请求不成立的，驳回诉讼请求。 |
| 第二节　诉讼代理人 | 第二节　诉讼代理人 |
| 第六十条　无诉讼行为能力人由他的监护人作为法定代理人代为诉讼。法定代理人之间互相推诿代理责任的，由人民法院指定其中一人代为诉讼。 | 第六十条　无诉讼行为能力人由他的监护人作为法定代理人代为诉讼。法定代理人之间互相推诿代理责任的，由人民法院指定其中一人代为诉讼。 |
| 第六十一条　当事人、法定代理人可以委托一至二人作为诉讼代理人。<br>下列人员可以被委托为诉讼代理人：<br>（一）律师、基层法律服务工作者；<br>（二）当事人的近亲属或者工作人员；<br>（三）当事人所在社区、单位以及有关社会团体推荐的公民。 | 第六十一条　当事人、法定代理人可以委托一至二人作为诉讼代理人。<br>下列人员可以被委托为诉讼代理人：<br>（一）律师、基层法律服务工作者；<br>（二）当事人的近亲属或者工作人员；<br>（三）当事人所在社区、单位以及有关社会团体推荐的公民。 |

| 修正后（2023年9月1日） | 修正前（2021年12月24日） |
|---|---|
| 第六十二条 委托他人代为诉讼，必须向人民法院提交由委托人签名或者盖章的授权委托书。<br>授权委托书必须记明委托事项和权限。诉讼代理人代为承认、放弃、变更诉讼请求，进行和解，提起反诉或者上诉，必须有委托人的特别授权。<br>侨居在国外的中华人民共和国公民从国外寄交或者托交的授权委托书，必须经中华人民共和国驻该国的使领馆证明；没有使领馆的，由与中华人民共和国有外交关系的第三国驻该国的使领馆证明，再转由中华人民共和国驻该第三国使领馆证明，或者由当地的爱国华侨团体证明。 | 第六十二条 委托他人代为诉讼，必须向人民法院提交由委托人签名或者盖章的授权委托书。<br>授权委托书必须记明委托事项和权限。诉讼代理人代为承认、放弃、变更诉讼请求，进行和解，提起反诉或者上诉，必须有委托人的特别授权。<br>侨居在国外的中华人民共和国公民从国外寄交或者托交的授权委托书，必须经中华人民共和国驻该国的使领馆证明；没有使领馆的，由与中华人民共和国有外交关系的第三国驻该国的使领馆证明，再转由中华人民共和国驻该第三国使领馆证明，或者由当地的爱国华侨团体证明。 |
| 第六十三条 诉讼代理人的权限如果变更或者解除，当事人应当书面告知人民法院，并由人民法院通知对方当事人。 | 第六十三条 诉讼代理人的权限如果变更或者解除，当事人应当书面告知人民法院，并由人民法院通知对方当事人。 |
| 第六十四条 代理诉讼的律师和其他诉讼代理人有权调查收集证据，可以查阅本案有关材料。查阅本案有关材料的范围和办法由最高人民法院规定。 | 第六十四条 代理诉讼的律师和其他诉讼代理人有权调查收集证据，可以查阅本案有关材料。查阅本案有关材料的范围和办法由最高人民法院规定。 |
| 第六十五条 离婚案件有诉讼代理人的，本人除不能表达意思的以外，仍应出庭；确因特殊情况无法出庭的，必须向人民法院提交书面意见。 | 第六十五条 离婚案件有诉讼代理人的，本人除不能表达意思的以外，仍应出庭；确因特殊情况无法出庭的，必须向人民法院提交书面意见。 |

| 修正后（2023年9月1日） | 修正前（2021年12月24日） |
|---|---|
| 第六章 证 据 | 第六章 证 据 |
| 第六十六条 证据包括：<br>（一）当事人的陈述；<br>（二）书证；<br>（三）物证；<br>（四）视听资料；<br>（五）电子数据；<br>（六）证人证言；<br>（七）鉴定意见；<br>（八）勘验笔录。<br>证据必须查证属实，才能作为认定事实的根据。 | 第六十六条 证据包括：<br>（一）当事人的陈述；<br>（二）书证；<br>（三）物证；<br>（四）视听资料；<br>（五）电子数据；<br>（六）证人证言；<br>（七）鉴定意见；<br>（八）勘验笔录。<br>证据必须查证属实，才能作为认定事实的根据。 |
| 第六十七条 当事人对自己提出的主张，有责任提供证据。<br>当事人及其诉讼代理人因客观原因不能自行收集的证据，或者人民法院认为审理案件需要的证据，人民法院应当调查收集。<br>人民法院应当按照法定程序，全面地、客观地审查核实证据。 | 第六十七条 当事人对自己提出的主张，有责任提供证据。<br>当事人及其诉讼代理人因客观原因不能自行收集的证据，或者人民法院认为审理案件需要的证据，人民法院应当调查收集。<br>人民法院应当按照法定程序，全面地、客观地审查核实证据。 |
| 第六十八条 当事人对自己提出的主张应当及时提供证据。<br>人民法院根据当事人的主张和案件审理情况，确定当事人应当提供的证据及其期限。当事人在该期限内提供证据确有困难的，可以向人民法院申请延长期限，人民法院根据当事人的申请适当延长。当事人逾期提供证据的，人民法院应当责令其说明理由；拒不说明理由或者理由不成立的，人民法院根据不同情形可以不予采纳该证据，或者采纳该证据但予以训诫、罚款。 | 第六十八条 当事人对自己提出的主张应当及时提供证据。<br>人民法院根据当事人的主张和案件审理情况，确定当事人应当提供的证据及其期限。当事人在该期限内提供证据确有困难的，可以向人民法院申请延长期限，人民法院根据当事人的申请适当延长。当事人逾期提供证据的，人民法院应当责令其说明理由；拒不说明理由或者理由不成立的，人民法院根据不同情形可以不予采纳该证据，或者采纳该证据但予以训诫、罚款。 |

| 修正后（2023年9月1日） | 修正前（2021年12月24日） |
|---|---|
| 第六十九条 人民法院收到当事人提交的证据材料，应当出具收据，写明证据名称、页数、份数、原件或者复印件以及收到时间等，并由经办人员签名或者盖章。 | 第六十九条 人民法院收到当事人提交的证据材料，应当出具收据，写明证据名称、页数、份数、原件或者复印件以及收到时间等，并由经办人员签名或者盖章。 |
| 第七十条 人民法院有权向有关单位和个人调查取证，有关单位和个人不得拒绝。<br>人民法院对有关单位和个人提出的证明文书，应当辨别真伪，审查确定其效力。 | 第七十条 人民法院有权向有关单位和个人调查取证，有关单位和个人不得拒绝。<br>人民法院对有关单位和个人提出的证明文书，应当辨别真伪，审查确定其效力。 |
| 第七十一条 证据应当在法庭上出示，并由当事人互相质证。对涉及国家秘密、商业秘密和个人隐私的证据应当保密，需要在法庭出示的，不得在公开开庭时出示。 | 第七十一条 证据应当在法庭上出示，并由当事人互相质证。对涉及国家秘密、商业秘密和个人隐私的证据应当保密，需要在法庭出示的，不得在公开开庭时出示。 |
| 第七十二条 经过法定程序公证证明的法律事实和文书，人民法院应当作为认定事实的根据，但有相反证据足以推翻公证证明的除外。 | 第七十二条 经过法定程序公证证明的法律事实和文书，人民法院应当作为认定事实的根据，但有相反证据足以推翻公证证明的除外。 |
| 第七十三条 书证应当提交原件。物证应当提交原物。提交原件或者原物确有困难的，可以提交复制品、照片、副本、节录本。<br>提交外文书证，必须附有中文译本。 | 第七十三条 书证应当提交原件。物证应当提交原物。提交原件或者原物确有困难的，可以提交复制品、照片、副本、节录本。<br>提交外文书证，必须附有中文译本。 |
| 第七十四条 人民法院对视听资料，应当辨别真伪，并结合本案的其他证据，审查确定能否作为认定事实的根据。 | 第七十四条 人民法院对视听资料，应当辨别真伪，并结合本案的其他证据，审查确定能否作为认定事实的根据。 |

| 修正后（2023年9月1日） | 修正前（2021年12月24日） |
|---|---|
| 第七十五条　凡是知道案件情况的单位和个人，都有义务出庭作证。有关单位的负责人应当支持证人作证。<br>不能正确表达意思的人，不能作证。 | 第七十五条　凡是知道案件情况的单位和个人，都有义务出庭作证。有关单位的负责人应当支持证人作证。<br>不能正确表达意思的人，不能作证。 |
| 第七十六条　经人民法院通知，证人应当出庭作证。有下列情形之一的，经人民法院许可，可以通过书面证言、视听传输技术或者视听资料等方式作证：<br>（一）因健康原因不能出庭的；<br>（二）因路途遥远，交通不便不能出庭的；<br>（三）因自然灾害等不可抗力不能出庭的；<br>（四）其他有正当理由不能出庭的。 | 第七十六条　经人民法院通知，证人应当出庭作证。有下列情形之一的，经人民法院许可，可以通过书面证言、视听传输技术或者视听资料等方式作证：<br>（一）因健康原因不能出庭的；<br>（二）因路途遥远，交通不便不能出庭的；<br>（三）因自然灾害等不可抗力不能出庭的；<br>（四）其他有正当理由不能出庭的。 |
| 第七十七条　证人因履行出庭作证义务而支出的交通、住宿、就餐等必要费用以及误工损失，由败诉一方当事人负担。当事人申请证人作证的，由该当事人先行垫付；当事人没有申请，人民法院通知证人作证的，由人民法院先行垫付。 | 第七十七条　证人因履行出庭作证义务而支出的交通、住宿、就餐等必要费用以及误工损失，由败诉一方当事人负担。当事人申请证人作证的，由该当事人先行垫付；当事人没有申请，人民法院通知证人作证的，由人民法院先行垫付。 |
| 第七十八条　人民法院对当事人的陈述，应当结合本案的其他证据，审查确定能否作为认定事实的根据。<br>当事人拒绝陈述的，不影响人民法院根据证据认定案件事实。 | 第七十八条　人民法院对当事人的陈述，应当结合本案的其他证据，审查确定能否作为认定事实的根据。<br>当事人拒绝陈述的，不影响人民法院根据证据认定案件事实。 |

| 修正后（2023年9月1日） | 修正前（2021年12月24日） |
|---|---|
| 第七十九条　当事人可以就查明事实的专门性问题向人民法院申请鉴定。当事人申请鉴定的，由双方当事人协商确定具备资格的鉴定人；协商不成的，由人民法院指定。<br>　　当事人未申请鉴定，人民法院对专门性问题认为需要鉴定的，应当委托具备资格的鉴定人进行鉴定。 | 第七十九条　当事人可以就查明事实的专门性问题向人民法院申请鉴定。当事人申请鉴定的，由双方当事人协商确定具备资格的鉴定人；协商不成的，由人民法院指定。<br>　　当事人未申请鉴定，人民法院对专门性问题认为需要鉴定的，应当委托具备资格的鉴定人进行鉴定。 |
| 第八十条　鉴定人有权了解进行鉴定所需要的案件材料，必要时可以询问当事人、证人。<br>　　鉴定人应当提出书面鉴定意见，在鉴定书上签名或者盖章。 | 第八十条　鉴定人有权了解进行鉴定所需要的案件材料，必要时可以询问当事人、证人。<br>　　鉴定人应当提出书面鉴定意见，在鉴定书上签名或者盖章。 |
| 第八十一条　当事人对鉴定意见有异议或者人民法院认为鉴定人有必要出庭的，鉴定人应当出庭作证。经人民法院通知，鉴定人拒不出庭作证的，鉴定意见不得作为认定事实的根据；支付鉴定费用的当事人可以要求返还鉴定费用。 | 第八十一条　当事人对鉴定意见有异议或者人民法院认为鉴定人有必要出庭的，鉴定人应当出庭作证。经人民法院通知，鉴定人拒不出庭作证的，鉴定意见不得作为认定事实的根据；支付鉴定费用的当事人可以要求返还鉴定费用。 |
| 第八十二条　当事人可以申请人民法院通知有专门知识的人出庭，就鉴定人作出的鉴定意见或者专业问题提出意见。 | 第八十二条　当事人可以申请人民法院通知有专门知识的人出庭，就鉴定人作出的鉴定意见或者专业问题提出意见。 |
| 第八十三条　勘验物证或者现场，勘验人必须出示人民法院的证件，并邀请当地基层组织或者当事人所在单位派人参加。当事人或者当事人的成年家属应当到场，拒不到场的，不影响勘验的进行。<br>　　有关单位和个人根据人民法院的通知，有义务保护现场，协助勘验工作。 | 第八十三条　勘验物证或者现场，勘验人必须出示人民法院的证件，并邀请当地基层组织或者当事人所在单位派人参加。当事人或者当事人的成年家属应当到场，拒不到场的，不影响勘验的进行。<br>　　有关单位和个人根据人民法院的通知，有义务保护现场，协助勘验工作。 |

| 修正后（2023年9月1日） | 修正前（2021年12月24日） |
|---|---|
| 勘验人应当将勘验情况和结果制作笔录，由勘验人、当事人和被邀参加人签名或者盖章。 | 勘验人应当将勘验情况和结果制作笔录，由勘验人、当事人和被邀参加人签名或者盖章。 |
| 第八十四条　在证据可能灭失或者以后难以取得的情况下，当事人可以在诉讼过程中向人民法院申请保全证据，人民法院也可以主动采取保全措施。<br>因情况紧急，在证据可能灭失或者以后难以取得的情况下，利害关系人可以在提起诉讼或者申请仲裁前向证据所在地、被申请人住所地或者对案件有管辖权的人民法院申请保全证据。<br>证据保全的其他程序，参照适用本法第九章保全的有关规定。 | 第八十四条　在证据可能灭失或者以后难以取得的情况下，当事人可以在诉讼过程中向人民法院申请保全证据，人民法院也可以主动采取保全措施。<br>因情况紧急，在证据可能灭失或者以后难以取得的情况下，利害关系人可以在提起诉讼或者申请仲裁前向证据所在地、被申请人住所地或者对案件有管辖权的人民法院申请保全证据。<br>证据保全的其他程序，参照适用本法第九章保全的有关规定。 |
| 第七章　期间、送达 | 第七章　期间、送达 |
| 第一节　期　　间 | 第一节　期　　间 |
| 第八十五条　期间包括法定期间和人民法院指定的期间。<br>期间以时、日、月、年计算。期间开始的时和日，不计算在期间内。<br>期间届满的最后一日是法定休假日的，以法定休假日后的第一日为期间届满的日期。<br>期间不包括在途时间，诉讼文书在期满前交邮的，不算过期。 | 第八十五条　期间包括法定期间和人民法院指定的期间。<br>期间以时、日、月、年计算。期间开始的时和日，不计算在期间内。<br>期间届满的最后一日是法定休假日的，以法定休假日后的第一日为期间届满的日期。<br>期间不包括在途时间，诉讼文书在期满前交邮的，不算过期。 |
| 第八十六条　当事人因不可抗拒的事由或者其他正当理由耽误期限的，在障碍消除后的十日内，可以申请顺延期限，是否准许，由人民法院决定。 | 第八十六条　当事人因不可抗拒的事由或者其他正当理由耽误期限的，在障碍消除后的十日内，可以申请顺延期限，是否准许，由人民法院决定。 |

| 修正后（2023年9月1日） | 修正前（2021年12月24日） |
|---|---|
| 第二节 送 达 | 第二节 送 达 |
| **第八十七条** 送达诉讼文书必须有送达回证，由受送达人在送达回证上记明收到日期，签名或者盖章。<br><br>受送达人在送达回证上的签收日期为送达日期。 | **第八十七条** 送达诉讼文书必须有送达回证，由受送达人在送达回证上记明收到日期，签名或者盖章。<br><br>受送达人在送达回证上的签收日期为送达日期。 |
| **第八十八条** 送达诉讼文书，应当直接送交受送达人。受送达人是公民的，本人不在交他的同住成年家属签收；受送达人是法人或者其他组织的，应当由法人的法定代表人、其他组织的主要负责人或者该法人、组织负责收件的人签收；受送达人有诉讼代理人的，可以送交其代理人签收；受送达人已向人民法院指定代收人的，送交代收人签收。<br><br>受送达人的同住成年家属，法人或者其他组织的负责收件的人，诉讼代理人或者代收人在送达回证上签收的日期为送达日期。 | **第八十八条** 送达诉讼文书，应当直接送交受送达人。受送达人是公民的，本人不在交他的同住成年家属签收；受送达人是法人或者其他组织的，应当由法人的法定代表人、其他组织的主要负责人或者该法人、组织负责收件的人签收；受送达人有诉讼代理人的，可以送交其代理人签收；受送达人已向人民法院指定代收人的，送交代收人签收。<br><br>受送达人的同住成年家属，法人或者其他组织的负责收件的人，诉讼代理人或者代收人在送达回证上签收的日期为送达日期。 |
| **第八十九条** 受送达人或者他的同住成年家属拒绝接收诉讼文书的，送达人可以邀请有关基层组织或者所在单位的代表到场，说明情况，在送达回证上记明拒收事由和日期，由送达人、见证人签名或者盖章，把诉讼文书留在受送达人的住所；也可以把诉讼文书留在受送达人的住所，并采用拍照、录像等方式记录送达过程，即视为送达。 | **第八十九条** 受送达人或者他的同住成年家属拒绝接收诉讼文书的，送达人可以邀请有关基层组织或者所在单位的代表到场，说明情况，在送达回证上记明拒收事由和日期，由送达人、见证人签名或者盖章，把诉讼文书留在受送达人的住所；也可以把诉讼文书留在受送达人的住所，并采用拍照、录像等方式记录送达过程，即视为送达。 |

| 修正后（2023年9月1日） | 修正前（2021年12月24日） |
|---|---|
| 第九十条　经受送达人同意，人民法院可以采用能够确认其收悉的电子方式送达诉讼文书。通过电子方式送达的判决书、裁定书、调解书，受送达人提出需要纸质文书的，人民法院应当提供。<br>　　采用前款方式送达的，以送达信息到达受送达人特定系统的日期为送达日期。 | 第九十条　经受送达人同意，人民法院可以采用能够确认其收悉的电子方式送达诉讼文书。通过电子方式送达的判决书、裁定书、调解书，受送达人提出需要纸质文书的，人民法院应当提供。<br>　　采用前款方式送达的，以送达信息到达受送达人特定系统的日期为送达日期。 |
| 第九十一条　直接送达诉讼文书有困难的，可以委托其他人民法院代为送达，或者邮寄送达。邮寄送达的，以回执上注明的收件日期为送达日期。 | 第九十一条　直接送达诉讼文书有困难的，可以委托其他人民法院代为送达，或者邮寄送达。邮寄送达的，以回执上注明的收件日期为送达日期。 |
| 第九十二条　受送达人是军人的，通过其所在部队团以上单位的政治机关转交。 | 第九十二条　受送达人是军人的，通过其所在部队团以上单位的政治机关转交。 |
| 第九十三条　受送达人被监禁的，通过其所在监所转交。<br>　　受送达人被采取强制性教育措施的，通过其所在强制性教育机构转交。 | 第九十三条　受送达人被监禁的，通过其所在监所转交。<br>　　受送达人被采取强制性教育措施的，通过其所在强制性教育机构转交。 |
| 第九十四条　代为转交的机关、单位收到诉讼文书后，必须立即交受送达人签收，以在送达回证上的签收日期，为送达日期。 | 第九十四条　代为转交的机关、单位收到诉讼文书后，必须立即交受送达人签收，以在送达回证上的签收日期，为送达日期。 |
| 第九十五条　受送达人下落不明，或者用本节规定的其他方式无法送达的，公告送达。自发出公告之日起，经过三十日，即视为送达。<br>　　公告送达，应当在案卷中记明原因和经过。 | 第九十五条　受送达人下落不明，或者用本节规定的其他方式无法送达的，公告送达。自发出公告之日起，经过三十日，即视为送达。<br>　　公告送达，应当在案卷中记明原因和经过。 |

| 修正后（2023年9月1日） | 修正前（2021年12月24日） |
|---|---|
| 第八章　调　解 | 第八章　调　解 |
| 　　第九十六条　人民法院审理民事案件，根据当事人自愿的原则，在事实清楚的基础上，分清是非，进行调解。 | 　　第九十六条　人民法院审理民事案件，根据当事人自愿的原则，在事实清楚的基础上，分清是非，进行调解。 |
| 　　第九十七条　人民法院进行调解，可以由审判员一人主持，也可以由合议庭主持，并尽可能就地进行。<br>　　人民法院进行调解，可以用简便方式通知当事人、证人到庭。 | 　　第九十七条　人民法院进行调解，可以由审判员一人主持，也可以由合议庭主持，并尽可能就地进行。<br>　　人民法院进行调解，可以用简便方式通知当事人、证人到庭。 |
| 　　第九十八条　人民法院进行调解，可以邀请有关单位和个人协助。被邀请的单位和个人，应当协助人民法院进行调解。 | 　　第九十八条　人民法院进行调解，可以邀请有关单位和个人协助。被邀请的单位和个人，应当协助人民法院进行调解。 |
| 　　第九十九条　调解达成协议，必须双方自愿，不得强迫。调解协议的内容不得违反法律规定。 | 　　第九十九条　调解达成协议，必须双方自愿，不得强迫。调解协议的内容不得违反法律规定。 |
| 　　第一百条　调解达成协议，人民法院应当制作调解书。调解书应当写明诉讼请求、案件的事实和调解结果。<br>　　调解书由审判人员、书记员署名，加盖人民法院印章，送达双方当事人。<br>　　调解书经双方当事人签收后，即具有法律效力。 | 　　第一百条　调解达成协议，人民法院应当制作调解书。调解书应当写明诉讼请求、案件的事实和调解结果。<br>　　调解书由审判人员、书记员署名，加盖人民法院印章，送达双方当事人。<br>　　调解书经双方当事人签收后，即具有法律效力。 |
| 　　第一百零一条　下列案件调解达成协议，人民法院可以不制作调解书：<br>　　（一）调解和好的离婚案件； | 　　第一百零一条　下列案件调解达成协议，人民法院可以不制作调解书：<br>　　（一）调解和好的离婚案件； |

| 修正后（2023年9月1日） | 修正前（2021年12月24日） |
|---|---|
| （二）调解维持收养关系的案件；<br>（三）能够即时履行的案件；<br>（四）其他不需要制作调解书的案件。<br>　　对不需要制作调解书的协议，应当记入笔录，由双方当事人、审判人员、书记员签名或者盖章后，即具有法律效力。 | （二）调解维持收养关系的案件；<br>（三）能够即时履行的案件；<br>（四）其他不需要制作调解书的案件。<br>　　对不需要制作调解书的协议，应当记入笔录，由双方当事人、审判人员、书记员签名或者盖章后，即具有法律效力。 |
| 　　**第一百零二条**　调解未达成协议或者调解书送达前一方反悔的，人民法院应当及时判决。 | 　　**第一百零二条**　调解未达成协议或者调解书送达前一方反悔的，人民法院应当及时判决。 |
| **第九章　保全和先予执行** | **第九章　保全和先予执行** |
| 　　**第一百零三条**　人民法院对于可能因当事人一方的行为或者其他原因，使判决难以执行或者造成当事人其他损害的案件，根据对方当事人的申请，可以裁定对其财产进行保全、责令其作出一定行为或者禁止其作出一定行为；当事人没有提出申请的，人民法院在必要时也可以裁定采取保全措施。<br>　　人民法院采取保全措施，可以责令申请人提供担保，申请人不提供担保的，裁定驳回申请。<br>　　人民法院接受申请后，对情况紧急的，必须在四十八小时内作出裁定；裁定采取保全措施的，应当立即开始执行。 | 　　**第一百零三条**　人民法院对于可能因当事人一方的行为或者其他原因，使判决难以执行或者造成当事人其他损害的案件，根据对方当事人的申请，可以裁定对其财产进行保全、责令其作出一定行为或者禁止其作出一定行为；当事人没有提出申请的，人民法院在必要时也可以裁定采取保全措施。<br>　　人民法院采取保全措施，可以责令申请人提供担保，申请人不提供担保的，裁定驳回申请。<br>　　人民法院接受申请后，对情况紧急的，必须在四十八小时内作出裁定；裁定采取保全措施的，应当立即开始执行。 |
| 　　**第一百零四条**　利害关系人因情况紧急，不立即申请保全将会使其合法权益受到难以弥补的损害的，可以在提起诉讼或者申请仲裁前向 | 　　**第一百零四条**　利害关系人因情况紧急，不立即申请保全将会使其合法权益受到难以弥补的损害的，可以在提起诉讼或者申请仲裁前向 |

| 修正后（2023年9月1日） | 修正前（2021年12月24日） |
|---|---|
| 被保全财产所在地、被申请人住所地或者对案件有管辖权的人民法院申请采取保全措施。申请人应当提供担保，不提供担保的，裁定驳回申请。<br>　　人民法院接受申请后，必须在四十八小时内作出裁定；裁定采取保全措施的，应当立即开始执行。<br>　　申请人在人民法院采取保全措施后三十日内不依法提起诉讼或者申请仲裁的，人民法院应当解除保全。 | 被保全财产所在地、被申请人住所地或者对案件有管辖权的人民法院申请采取保全措施。申请人应当提供担保，不提供担保的，裁定驳回申请。<br>　　人民法院接受申请后，必须在四十八小时内作出裁定；裁定采取保全措施的，应当立即开始执行。<br>　　申请人在人民法院采取保全措施后三十日内不依法提起诉讼或者申请仲裁的，人民法院应当解除保全。 |
| 　　第一百零五条　保全限于请求的范围，或者与本案有关的财物。 | 　　第一百零五条　保全限于请求的范围，或者与本案有关的财物。 |
| 　　第一百零六条　财产保全采取查封、扣押、冻结或者法律规定的其他方法。人民法院保全财产后，应当立即通知被保全财产的人。<br>　　财产已被查封、冻结的，不得重复查封、冻结。 | 　　第一百零六条　财产保全采取查封、扣押、冻结或者法律规定的其他方法。人民法院保全财产后，应当立即通知被保全财产的人。<br>　　财产已被查封、冻结的，不得重复查封、冻结。 |
| 　　第一百零七条　财产纠纷案件，被申请人提供担保的，人民法院应当裁定解除保全。 | 　　第一百零七条　财产纠纷案件，被申请人提供担保的，人民法院应当裁定解除保全。 |
| 　　第一百零八条　申请有错误的，申请人应当赔偿被申请人因保全所遭受的损失。 | 　　第一百零八条　申请有错误的，申请人应当赔偿被申请人因保全所遭受的损失。 |
| 　　第一百零九条　人民法院对下列案件，根据当事人的申请，可以裁定先予执行：<br>　　（一）追索赡养费、扶养费、抚养费、抚恤金、医疗费用的； | 　　第一百零九条　人民法院对下列案件，根据当事人的申请，可以裁定先予执行：<br>　　（一）追索赡养费、扶养费、抚养费、抚恤金、医疗费用的； |

| 修正后（2023年9月1日） | 修正前（2021年12月24日） |
|---|---|
| （二）追索劳动报酬的；<br>（三）因情况紧急需要先予执行的。 | （二）追索劳动报酬的；<br>（三）因情况紧急需要先予执行的。 |
| 第一百一十条　人民法院裁定先予执行的，应当符合下列条件：<br>（一）当事人之间权利义务关系明确，不先予执行将严重影响申请人的生活或者生产经营的；<br>（二）被申请人有履行能力。<br>人民法院可以责令申请人提供担保，申请人不提供担保的，驳回申请。申请人败诉的，应当赔偿被申请人因先予执行遭受的财产损失。 | 第一百一十条　人民法院裁定先予执行的，应当符合下列条件：<br>（一）当事人之间权利义务关系明确，不先予执行将严重影响申请人的生活或者生产经营的；<br>（二）被申请人有履行能力。<br>人民法院可以责令申请人提供担保，申请人不提供担保的，驳回申请。申请人败诉的，应当赔偿被申请人因先予执行遭受的财产损失。 |
| 第一百一十一条　当事人对保全或者先予执行的裁定不服的，可以申请复议一次。复议期间不停止裁定的执行。 | 第一百一十一条　当事人对保全或者先予执行的裁定不服的，可以申请复议一次。复议期间不停止裁定的执行。 |
| 第十章　对妨害民事诉讼的强制措施 | 第十章　对妨害民事诉讼的强制措施 |
| 第一百一十二条　人民法院对必须到庭的被告，经两次传票传唤，无正当理由拒不到庭的，可以拘传。 | 第一百一十二条　人民法院对必须到庭的被告，经两次传票传唤，无正当理由拒不到庭的，可以拘传。 |
| 第一百一十三条　诉讼参与人和其他人应当遵守法庭规则。<br>人民法院对违反法庭规则的人，可以予以训诫，责令退出法庭或者予以罚款、拘留。<br>人民法院对哄闹、冲击法庭，侮辱、诽谤、威胁、殴打审判人员，严重扰乱法庭秩序的人，依法追究刑事责任；情节较轻的，予以罚款、拘留。 | 第一百一十三条　诉讼参与人和其他人应当遵守法庭规则。<br>人民法院对违反法庭规则的人，可以予以训诫，责令退出法庭或者予以罚款、拘留。<br>人民法院对哄闹、冲击法庭，侮辱、诽谤、威胁、殴打审判人员，严重扰乱法庭秩序的人，依法追究刑事责任；情节较轻的，予以罚款、拘留。 |

| 修正后（2023年9月1日） | 修正前（2021年12月24日） |
|---|---|
| 第一百一十四条 诉讼参与人或者其他人有下列行为之一的，人民法院可以根据情节轻重予以罚款、拘留；构成犯罪的，依法追究刑事责任：<br>（一）伪造、毁灭重要证据，妨碍人民法院审理案件的；<br>（二）以暴力、威胁、贿买方法阻止证人作证或者指使、贿买、胁迫他人作伪证的；<br>（三）隐藏、转移、变卖、毁损已被查封、扣押的财产，或者已被清点并责令其保管的财产，转移已被冻结的财产的；<br>（四）对司法工作人员、诉讼参加人、证人、翻译人员、鉴定人、勘验人、协助执行的人，进行侮辱、诽谤、诬陷、殴打或者打击报复的；<br>（五）以暴力、威胁或者其他方法阻碍司法工作人员执行职务的；<br>（六）拒不履行人民法院已经发生法律效力的判决、裁定的。<br>人民法院对有前款规定的行为之一的单位，可以对其主要负责人或者直接责任人员予以罚款、拘留；构成犯罪的，依法追究刑事责任。 | 第一百一十四条 诉讼参与人或者其他人有下列行为之一的，人民法院可以根据情节轻重予以罚款、拘留；构成犯罪的，依法追究刑事责任：<br>（一）伪造、毁灭重要证据，妨碍人民法院审理案件的；<br>（二）以暴力、威胁、贿买方法阻止证人作证或者指使、贿买、胁迫他人作伪证的；<br>（三）隐藏、转移、变卖、毁损已被查封、扣押的财产，或者已被清点并责令其保管的财产，转移已被冻结的财产的；<br>（四）对司法工作人员、诉讼参加人、证人、翻译人员、鉴定人、勘验人、协助执行的人，进行侮辱、诽谤、诬陷、殴打或者打击报复的；<br>（五）以暴力、威胁或者其他方法阻碍司法工作人员执行职务的；<br>（六）拒不履行人民法院已经发生法律效力的判决、裁定的。<br>人民法院对有前款规定的行为之一的单位，可以对其主要负责人或者直接责任人员予以罚款、拘留；构成犯罪的，依法追究刑事责任。 |
| 第一百一十五条 当事人之间恶意串通，企图通过诉讼、调解等方式侵害**国家利益、社会公共利益或者**他人合法权益的，人民法院应当驳回其请求，并根据情节轻重予以罚款、拘留；构成犯罪的，依法追究刑事责任。 | 第一百一十五条 当事人之间恶意串通，企图通过诉讼、调解等方式侵害他人合法权益的，人民法院应当驳回其请求，并根据情节轻重予以罚款、拘留；构成犯罪的，依法追究刑事责任。 |

| 修正后（2023年9月1日） | 修正前（2021年12月24日） |
|---|---|
| 　　当事人单方捏造民事案件基本事实，向人民法院提起诉讼，企图侵害国家利益、社会公共利益或者他人合法权益的，适用前款规定。 | |
| 　　第一百一十六条　被执行人与他人恶意串通，通过诉讼、仲裁、调解等方式逃避履行法律文书确定的义务的，人民法院应当根据情节轻重予以罚款、拘留；构成犯罪的，依法追究刑事责任。 | 　　第一百一十六条　被执行人与他人恶意串通，通过诉讼、仲裁、调解等方式逃避履行法律文书确定的义务的，人民法院应当根据情节轻重予以罚款、拘留；构成犯罪的，依法追究刑事责任。 |
| 　　第一百一十七条　有义务协助调查、执行的单位有下列行为之一的，人民法院除责令其履行协助义务外，并可以予以罚款：<br>　　（一）有关单位拒绝或者妨碍人民法院调查取证的；<br>　　（二）有关单位接到人民法院协助执行通知书后，拒不协助查询、扣押、冻结、划拨、变价财产的；<br>　　（三）有关单位接到人民法院协助执行通知书后，拒不协助扣留被执行人的收入、办理有关财产权证照转移手续、转交有关票证、证照或者其他财产的；<br>　　（四）其他拒绝协助执行的。<br>　　人民法院对有前款规定的行为之一的单位，可以对其主要负责人或者直接责任人员予以罚款；对仍不履行协助义务的，可以予以拘留；并可以向监察机关或者有关机关提出予以纪律处分的司法建议。 | 　　第一百一十七条　有义务协助调查、执行的单位有下列行为之一的，人民法院除责令其履行协助义务外，并可以予以罚款：<br>　　（一）有关单位拒绝或者妨碍人民法院调查取证的；<br>　　（二）有关单位接到人民法院协助执行通知书后，拒不协助查询、扣押、冻结、划拨、变价财产的；<br>　　（三）有关单位接到人民法院协助执行通知书后，拒不协助扣留被执行人的收入、办理有关财产权证照转移手续、转交有关票证、证照或者其他财产的；<br>　　（四）其他拒绝协助执行的。<br>　　人民法院对有前款规定的行为之一的单位，可以对其主要负责人或者直接责任人员予以罚款；对仍不履行协助义务的，可以予以拘留；并可以向监察机关或者有关机关提出予以纪律处分的司法建议。 |

| 修正后（2023年9月1日） | 修正前（2021年12月24日） |
|---|---|
| 第一百一十八条　对个人的罚款金额，为人民币十万元以下。对单位的罚款金额，为人民币五万元以上一百万元以下。<br>　　拘留的期限，为十五日以下。<br>　　被拘留的人，由人民法院交公安机关看管。在拘留期间，被拘留人承认并改正错误的，人民法院可以决定提前解除拘留。 | 第一百一十八条　对个人的罚款金额，为人民币十万元以下。对单位的罚款金额，为人民币五万元以上一百万元以下。<br>　　拘留的期限，为十五日以下。<br>　　被拘留的人，由人民法院交公安机关看管。在拘留期间，被拘留人承认并改正错误的，人民法院可以决定提前解除拘留。 |
| 第一百一十九条　拘传、罚款、拘留必须经院长批准。<br>　　拘传应当发拘传票。<br>　　罚款、拘留应当用决定书。对决定不服的，可以向上一级人民法院申请复议一次。复议期间不停止执行。 | 第一百一十九条　拘传、罚款、拘留必须经院长批准。<br>　　拘传应当发拘传票。<br>　　罚款、拘留应当用决定书。对决定不服的，可以向上一级人民法院申请复议一次。复议期间不停止执行。 |
| 第一百二十条　采取对妨害民事诉讼的强制措施必须由人民法院决定。任何单位和个人采取非法拘禁他人或者非法私自扣押他人财产追索债务的，应当依法追究刑事责任，或者予以拘留、罚款。 | 第一百二十条　采取对妨害民事诉讼的强制措施必须由人民法院决定。任何单位和个人采取非法拘禁他人或者非法私自扣押他人财产追索债务的，应当依法追究刑事责任，或者予以拘留、罚款。 |
| 第十一章　诉讼费用 | 第十一章　诉讼费用 |
| 第一百二十一条　当事人进行民事诉讼，应当按照规定交纳案件受理费。财产案件除交纳案件受理费外，并按照规定交纳其他诉讼费用。<br>　　当事人交纳诉讼费用确有困难的，可以按照规定向人民法院申请缓交、减交或者免交。<br>　　收取诉讼费用的办法另行制定。 | 第一百二十一条　当事人进行民事诉讼，应当按照规定交纳案件受理费。财产案件除交纳案件受理费外，并按照规定交纳其他诉讼费用。<br>　　当事人交纳诉讼费用确有困难的，可以按照规定向人民法院申请缓交、减交或者免交。<br>　　收取诉讼费用的办法另行制定。 |

| 修正后（2023年9月1日） | 修正前（2021年12月24日） |
|---|---|
| 第二编　审判程序 | 第二编　审判程序 |
| 第十二章　第一审普通程序 | 第十二章　第一审普通程序 |
| 第一节　起诉和受理 | 第一节　起诉和受理 |
| 第一百二十二条　起诉必须符合下列条件：<br>（一）原告是与本案有直接利害关系的公民、法人和其他组织；<br>（二）有明确的被告；<br>（三）有具体的诉讼请求和事实、理由；<br>（四）属于人民法院受理民事诉讼的范围和受诉人民法院管辖。 | 第一百二十二条　起诉必须符合下列条件：<br>（一）原告是与本案有直接利害关系的公民、法人和其他组织；<br>（二）有明确的被告；<br>（三）有具体的诉讼请求和事实、理由；<br>（四）属于人民法院受理民事诉讼的范围和受诉人民法院管辖。 |
| 第一百二十三条　起诉应当向人民法院递交起诉状，并按照被告人数提出副本。<br>书写起诉状确有困难的，可以口头起诉，由人民法院记入笔录，并告知对方当事人。 | 第一百二十三条　起诉应当向人民法院递交起诉状，并按照被告人数提出副本。<br>书写起诉状确有困难的，可以口头起诉，由人民法院记入笔录，并告知对方当事人。 |
| 第一百二十四条　起诉状应当记明下列事项：<br>（一）原告的姓名、性别、年龄、民族、职业、工作单位、住所、联系方式，法人或者其他组织的名称、住所和法定代表人或者主要负责人的姓名、职务、联系方式；<br>（二）被告的姓名、性别、工作单位、住所等信息，法人或者其他组织的名称、住所等信息；<br>（三）诉讼请求和所根据的事实与理由；<br>（四）证据和证据来源，证人姓名和住所。 | 第一百二十四条　起诉状应当记明下列事项：<br>（一）原告的姓名、性别、年龄、民族、职业、工作单位、住所、联系方式，法人或者其他组织的名称、住所和法定代表人或者主要负责人的姓名、职务、联系方式；<br>（二）被告的姓名、性别、工作单位、住所等信息，法人或者其他组织的名称、住所等信息；<br>（三）诉讼请求和所根据的事实与理由；<br>（四）证据和证据来源，证人姓名和住所。 |

| 修正后（2023年9月1日） | 修正前（2021年12月24日） |
|---|---|
| 第一百二十五条 当事人起诉到人民法院的民事纠纷，适宜调解的，先行调解，但当事人拒绝调解的除外。 | 第一百二十五条 当事人起诉到人民法院的民事纠纷，适宜调解的，先行调解，但当事人拒绝调解的除外。 |
| 第一百二十六条 人民法院应当保障当事人依照法律规定享有的起诉权利。对符合本法第一百二十二条的起诉，必须受理。符合起诉条件的，应当在七日内立案，并通知当事人；不符合起诉条件的，应当在七日内作出裁定书，不予受理；原告对裁定不服的，可以提起上诉。 | 第一百二十六条 人民法院应当保障当事人依照法律规定享有的起诉权利。对符合本法第一百二十二条的起诉，必须受理。符合起诉条件的，应当在七日内立案，并通知当事人；不符合起诉条件的，应当在七日内作出裁定书，不予受理；原告对裁定不服的，可以提起上诉。 |
| 第一百二十七条 人民法院对下列起诉，分别情形，予以处理：<br>（一）依照行政诉讼法的规定，属于行政诉讼受案范围的，告知原告提起行政诉讼；<br>（二）依照法律规定，双方当事人达成书面仲裁协议申请仲裁、不得向人民法院起诉的，告知原告向仲裁机构申请仲裁；<br>（三）依照法律规定，应当由其他机关处理的争议，告知原告向有关机关申请解决；<br>（四）对不属于本院管辖的案件，告知原告向有管辖权的人民法院起诉；<br>（五）对判决、裁定、调解书已经发生法律效力的案件，当事人又起诉的，告知原告申请再审，但人民法院准许撤诉的裁定除外；<br>（六）依照法律规定，在一定期限内不得起诉的案件，在不得起诉 | 第一百二十七条 人民法院对下列起诉，分别情形，予以处理：<br>（一）依照行政诉讼法的规定，属于行政诉讼受案范围的，告知原告提起行政诉讼；<br>（二）依照法律规定，双方当事人达成书面仲裁协议申请仲裁、不得向人民法院起诉的，告知原告向仲裁机构申请仲裁；<br>（三）依照法律规定，应当由其他机关处理的争议，告知原告向有关机关申请解决；<br>（四）对不属于本院管辖的案件，告知原告向有管辖权的人民法院起诉；<br>（五）对判决、裁定、调解书已经发生法律效力的案件，当事人又起诉的，告知原告申请再审，但人民法院准许撤诉的裁定除外；<br>（六）依照法律规定，在一定期限内不得起诉的案件，在不得起诉 |

| 修正后（2023年9月1日） | 修正前（2021年12月24日） |
|---|---|
| 的期限内起诉的，不予受理；<br>（七）判决不准离婚和调解和好的离婚案件，判决、调解维持收养关系的案件，没有新情况、新理由，原告在六个月内又起诉的，不予受理。 | 的期限内起诉的，不予受理；<br>（七）判决不准离婚和调解和好的离婚案件，判决、调解维持收养关系的案件，没有新情况、新理由，原告在六个月内又起诉的，不予受理。 |
| 第二节　审理前的准备 | 第二节　审理前的准备 |
| 　　第一百二十八条　人民法院应当在立案之日起五日内将起诉状副本发送被告，被告应当在收到之日起十五日内提出答辩状。答辩状应当记明被告的姓名、性别、年龄、民族、职业、工作单位、住所、联系方式；法人或者其他组织的名称、住所和法定代表人或者主要负责人的姓名、职务、联系方式。人民法院应当在收到答辩状之日起五日内将答辩状副本发送原告。<br>　　被告不提出答辩状的，不影响人民法院审理。 | 　　第一百二十八条　人民法院应当在立案之日起五日内将起诉状副本发送被告，被告应当在收到之日起十五日内提出答辩状。答辩状应当记明被告的姓名、性别、年龄、民族、职业、工作单位、住所、联系方式；法人或者其他组织的名称、住所和法定代表人或者主要负责人的姓名、职务、联系方式。人民法院应当在收到答辩状之日起五日内将答辩状副本发送原告。<br>　　被告不提出答辩状的，不影响人民法院审理。 |
| 　　第一百二十九条　人民法院对决定受理的案件，应当在受理案件通知书和应诉通知书中向当事人告知有关的诉讼权利义务，或者口头告知。 | 　　第一百二十九条　人民法院对决定受理的案件，应当在受理案件通知书和应诉通知书中向当事人告知有关的诉讼权利义务，或者口头告知。 |
| 　　第一百三十条　人民法院受理案件后，当事人对管辖权有异议的，应当在提交答辩状期间提出。人民法院对当事人提出的异议，应当审查。异议成立的，裁定将案件移送有管辖权的人民法院；异议不成立的，裁定驳回。 | 　　第一百三十条　人民法院受理案件后，当事人对管辖权有异议的，应当在提交答辩状期间提出。人民法院对当事人提出的异议，应当审查。异议成立的，裁定将案件移送有管辖权的人民法院；异议不成立的，裁定驳回。 |

| 修正后（2023年9月1日） | 修正前（2021年12月24日） |
|---|---|
| 　　当事人未提出管辖异议，并应诉答辩**或者提出反诉**的，视为受诉人民法院有管辖权，但违反级别管辖和专属管辖规定的除外。 | 　　当事人未提出管辖异议，并应诉答辩的，视为受诉人民法院有管辖权，但违反级别管辖和专属管辖规定的除外。 |
| 　　**第一百三十一条**　审判人员确定后，应当在三日内告知当事人。 | 　　**第一百三十一条**　审判人员确定后，应当在三日内告知当事人。 |
| 　　**第一百三十二条**　审判人员必须认真审核诉讼材料，调查收集必要的证据。 | 　　**第一百三十二条**　审判人员必须认真审核诉讼材料，调查收集必要的证据。 |
| 　　**第一百三十三条**　人民法院派出人员进行调查时，应当向被调查人出示证件。<br>　　调查笔录经被调查人校阅后，由被调查人、调查人签名或者盖章。 | 　　**第一百三十三条**　人民法院派出人员进行调查时，应当向被调查人出示证件。<br>　　调查笔录经被调查人校阅后，由被调查人、调查人签名或者盖章。 |
| 　　**第一百三十四条**　人民法院在必要时可以委托外地人民法院调查。<br>　　委托调查，必须提出明确的项目和要求。受委托人民法院可以主动补充调查。<br>　　受委托人民法院收到委托书后，应当在三十日内完成调查。因故不能完成的，应当在上述期限内函告委托人民法院。 | 　　**第一百三十四条**　人民法院在必要时可以委托外地人民法院调查。<br>　　委托调查，必须提出明确的项目和要求。受委托人民法院可以主动补充调查。<br>　　受委托人民法院收到委托书后，应当在三十日内完成调查。因故不能完成的，应当在上述期限内函告委托人民法院。 |
| 　　**第一百三十五条**　必须共同进行诉讼的当事人没有参加诉讼的，人民法院应当通知其参加诉讼。 | 　　**第一百三十五条**　必须共同进行诉讼的当事人没有参加诉讼的，人民法院应当通知其参加诉讼。 |

| 修正后（2023年9月1日） | 修正前（2021年12月24日） |
|---|---|
| 第一百三十六条　人民法院对受理的案件，分别情形，予以处理：<br>（一）当事人没有争议，符合督促程序规定条件的，可以转入督促程序；<br>（二）开庭前可以调解的，采取调解方式及时解决纠纷；<br>（三）根据案件情况，确定适用简易程序或者普通程序；<br>（四）需要开庭审理的，通过要求当事人交换证据等方式，明确争议焦点。 | 第一百三十六条　人民法院对受理的案件，分别情形，予以处理：<br>（一）当事人没有争议，符合督促程序规定条件的，可以转入督促程序；<br>（二）开庭前可以调解的，采取调解方式及时解决纠纷；<br>（三）根据案件情况，确定适用简易程序或者普通程序；<br>（四）需要开庭审理的，通过要求当事人交换证据等方式，明确争议焦点。 |
| 第三节　开庭审理 | 第三节　开庭审理 |
| 第一百三十七条　人民法院审理民事案件，除涉及国家秘密、个人隐私或者法律另有规定的以外，应当公开进行。<br>离婚案件，涉及商业秘密的案件，当事人申请不公开审理的，可以不公开审理。 | 第一百三十七条　人民法院审理民事案件，除涉及国家秘密、个人隐私或者法律另有规定的以外，应当公开进行。<br>离婚案件，涉及商业秘密的案件，当事人申请不公开审理的，可以不公开审理。 |
| 第一百三十八条　人民法院审理民事案件，根据需要进行巡回审理，就地办案。 | 第一百三十八条　人民法院审理民事案件，根据需要进行巡回审理，就地办案。 |
| 第一百三十九条　人民法院审理民事案件，应当在开庭三日前通知当事人和其他诉讼参与人。公开审理的，应当公告当事人姓名、案由和开庭的时间、地点。 | 第一百三十九条　人民法院审理民事案件，应当在开庭三日前通知当事人和其他诉讼参与人。公开审理的，应当公告当事人姓名、案由和开庭的时间、地点。 |
| 第一百四十条　开庭审理前，书记员应当查明当事人和其他诉讼参与人是否到庭，宣布法庭纪律。<br>开庭审理时，由审判长或者独任 | 第一百四十条　开庭审理前，书记员应当查明当事人和其他诉讼参与人是否到庭，宣布法庭纪律。<br>开庭审理时，由审判长或者独任 |

| 修正后（2023年9月1日） | 修正前（2021年12月24日） |
|---|---|
| 审判员核对当事人，宣布案由，宣布审判人员、**法官助理**、书记员**等**的名单，告知当事人有关的诉讼权利义务，询问当事人是否提出回避申请。 | 审判员核对当事人，宣布案由，宣布审判人员、书记员名单，告知当事人有关的诉讼权利义务，询问当事人是否提出回避申请。 |
| 第一百四十一条　法庭调查按照下列顺序进行：<br>（一）当事人陈述；<br>（二）告知证人的权利义务，证人作证，宣读未到庭的证人证言；<br>（三）出示书证、物证、视听资料和电子数据；<br>（四）宣读鉴定意见；<br>（五）宣读勘验笔录。 | 第一百四十一条　法庭调查按照下列顺序进行：<br>（一）当事人陈述；<br>（二）告知证人的权利义务，证人作证，宣读未到庭的证人证言；<br>（三）出示书证、物证、视听资料和电子数据；<br>（四）宣读鉴定意见；<br>（五）宣读勘验笔录。 |
| 第一百四十二条　当事人在法庭上可以提出新的证据。<br>　　当事人经法庭许可，可以向证人、鉴定人、勘验人发问。<br>　　当事人要求重新进行调查、鉴定或者勘验的，是否准许，由人民法院决定。 | 第一百四十二条　当事人在法庭上可以提出新的证据。<br>　　当事人经法庭许可，可以向证人、鉴定人、勘验人发问。<br>　　当事人要求重新进行调查、鉴定或者勘验的，是否准许，由人民法院决定。 |
| 第一百四十三条　原告增加诉讼请求，被告提出反诉，第三人提出与本案有关的诉讼请求，可以合并审理。 | 第一百四十三条　原告增加诉讼请求，被告提出反诉，第三人提出与本案有关的诉讼请求，可以合并审理。 |
| 第一百四十四条　法庭辩论按照下列顺序进行：<br>（一）原告及其诉讼代理人发言；<br>（二）被告及其诉讼代理人答辩；<br>（三）第三人及其诉讼代理人发言或者答辩；<br>（四）互相辩论。 | 第一百四十四条　法庭辩论按照下列顺序进行：<br>（一）原告及其诉讼代理人发言；<br>（二）被告及其诉讼代理人答辩；<br>（三）第三人及其诉讼代理人发言或者答辩；<br>（四）互相辩论。 |

| 修正后（2023年9月1日） | 修正前（2021年12月24日） |
|---|---|
| 法庭辩论终结，由审判长或者独任审判员按照原告、被告、第三人的先后顺序征询各方最后意见。 | 法庭辩论终结，由审判长或者独任审判员按照原告、被告、第三人的先后顺序征询各方最后意见。 |
| 第一百四十五条 法庭辩论终结，应当依法作出判决。判决前能够调解的，还可以进行调解，调解不成的，应当及时判决。 | 第一百四十五条 法庭辩论终结，应当依法作出判决。判决前能够调解的，还可以进行调解，调解不成的，应当及时判决。 |
| 第一百四十六条 原告经传票传唤，无正当理由拒不到庭的，或者未经法庭许可中途退庭的，可以按撤诉处理；被告反诉的，可以缺席判决。 | 第一百四十六条 原告经传票传唤，无正当理由拒不到庭的，或者未经法庭许可中途退庭的，可以按撤诉处理；被告反诉的，可以缺席判决。 |
| 第一百四十七条 被告经传票传唤，无正当理由拒不到庭的，或者未经法庭许可中途退庭的，可以缺席判决。 | 第一百四十七条 被告经传票传唤，无正当理由拒不到庭的，或者未经法庭许可中途退庭的，可以缺席判决。 |
| 第一百四十八条 宣判前，原告申请撤诉的，是否准许，由人民法院裁定。<br>人民法院裁定不准许撤诉的，原告经传票传唤，无正当理由拒不到庭的，可以缺席判决。 | 第一百四十八条 宣判前，原告申请撤诉的，是否准许，由人民法院裁定。<br>人民法院裁定不准许撤诉的，原告经传票传唤，无正当理由拒不到庭的，可以缺席判决。 |
| 第一百四十九条 有下列情形之一的，可以延期开庭审理：<br>（一）必须到庭的当事人和其他诉讼参与人有正当理由没有到庭的；<br>（二）当事人临时提出回避申请的；<br>（三）需要通知新的证人到庭，调取新的证据，重新鉴定、勘验，或者需要补充调查的；<br>（四）其他应当延期的情形。 | 第一百四十九条 有下列情形之一的，可以延期开庭审理：<br>（一）必须到庭的当事人和其他诉讼参与人有正当理由没有到庭的；<br>（二）当事人临时提出回避申请的；<br>（三）需要通知新的证人到庭，调取新的证据，重新鉴定、勘验，或者需要补充调查的；<br>（四）其他应当延期的情形。 |

| 修正后（2023年9月1日） | 修正前（2021年12月24日） |
|---|---|
| 第一百五十条　书记员应当将法庭审理的全部活动记入笔录，由审判人员和书记员签名。<br>法庭笔录应当当庭宣读，也可以告知当事人和其他诉讼参与人当庭或者在五日内阅读。当事人和其他诉讼参与人认为对自己的陈述记录有遗漏或者差错的，有权申请补正。如果不予补正，应当将申请记录在案。<br>法庭笔录由当事人和其他诉讼参与人签名或者盖章。拒绝签名盖章的，记明情况附卷。 | 第一百五十条　书记员应当将法庭审理的全部活动记入笔录，由审判人员和书记员签名。<br>法庭笔录应当当庭宣读，也可以告知当事人和其他诉讼参与人当庭或者在五日内阅读。当事人和其他诉讼参与人认为对自己的陈述记录有遗漏或者差错的，有权申请补正。如果不予补正，应当将申请记录在案。<br>法庭笔录由当事人和其他诉讼参与人签名或者盖章。拒绝签名盖章的，记明情况附卷。 |
| 第一百五十一条　人民法院对公开审理或者不公开审理的案件，一律公开宣告判决。<br>当庭宣判的，应当在十日内发送判决书；定期宣判的，宣判后立即发给判决书。<br>宣告判决时，必须告知当事人上诉权利、上诉期限和上诉的法院。<br>宣告离婚判决，必须告知当事人在判决发生法律效力前不得另行结婚。 | 第一百五十一条　人民法院对公开审理或者不公开审理的案件，一律公开宣告判决。<br>当庭宣判的，应当在十日内发送判决书；定期宣判的，宣判后立即发给判决书。<br>宣告判决时，必须告知当事人上诉权利、上诉期限和上诉的法院。<br>宣告离婚判决，必须告知当事人在判决发生法律效力前不得另行结婚。 |
| 第一百五十二条　人民法院适用普通程序审理的案件，应当在立案之日起六个月内审结。有特殊情况需要延长的，经本院院长批准，可以延长六个月；还需要延长的，报请上级人民法院批准。 | 第一百五十二条　人民法院适用普通程序审理的案件，应当在立案之日起六个月内审结。有特殊情况需要延长的，经本院院长批准，可以延长六个月；还需要延长的，报请上级人民法院批准。 |
| 第四节　诉讼中止和终结 | 第四节　诉讼中止和终结 |
| 第一百五十三条　有下列情形之一的，中止诉讼： | 第一百五十三条　有下列情形之一的，中止诉讼： |

| 修正后（2023年9月1日） | 修正前（2021年12月24日） |
|---|---|
| （一）一方当事人死亡，需要等待继承人表明是否参加诉讼的；<br>（二）一方当事人丧失诉讼行为能力，尚未确定法定代理人的；<br>（三）作为一方当事人的法人或者其他组织终止，尚未确定权利义务承受人的；<br>（四）一方当事人因不可抗拒的事由，不能参加诉讼的；<br>（五）本案必须以另一案的审理结果为依据，而另一案尚未审结的；<br>（六）其他应当中止诉讼的情形。<br>中止诉讼的原因消除后，恢复诉讼。 | （一）一方当事人死亡，需要等待继承人表明是否参加诉讼的；<br>（二）一方当事人丧失诉讼行为能力，尚未确定法定代理人的；<br>（三）作为一方当事人的法人或者其他组织终止，尚未确定权利义务承受人的；<br>（四）一方当事人因不可抗拒的事由，不能参加诉讼的；<br>（五）本案必须以另一案的审理结果为依据，而另一案尚未审结的；<br>（六）其他应当中止诉讼的情形。<br>中止诉讼的原因消除后，恢复诉讼。 |
| **第一百五十四条** 有下列情形之一的，终结诉讼：<br>（一）原告死亡，没有继承人，或者继承人放弃诉讼权利的；<br>（二）被告死亡，没有遗产，也没有应当承担义务的人的；<br>（三）离婚案件一方当事人死亡的；<br>（四）追索赡养费、扶养费、抚养费以及解除收养关系案件的一方当事人死亡的。 | **第一百五十四条** 有下列情形之一的，终结诉讼：<br>（一）原告死亡，没有继承人，或者继承人放弃诉讼权利的；<br>（二）被告死亡，没有遗产，也没有应当承担义务的人的；<br>（三）离婚案件一方当事人死亡的；<br>（四）追索赡养费、扶养费、抚养费以及解除收养关系案件的一方当事人死亡的。 |
| 第五节 判决和裁定 | 第五节 判决和裁定 |
| **第一百五十五条** 判决书应当写明判决结果和作出该判决的理由。判决书内容包括：<br>（一）案由、诉讼请求、争议的事实和理由； | **第一百五十五条** 判决书应当写明判决结果和作出该判决的理由。判决书内容包括：<br>（一）案由、诉讼请求、争议的事实和理由； |

| 修正后（2023年9月1日） | 修正前（2021年12月24日） |
|---|---|
| （二）判决认定的事实和理由、适用的法律和理由；<br>（三）判决结果和诉讼费用的负担；<br>（四）上诉期间和上诉的法院。<br>判决书由审判人员、书记员署名，加盖人民法院印章。 | （二）判决认定的事实和理由、适用的法律和理由；<br>（三）判决结果和诉讼费用的负担；<br>（四）上诉期间和上诉的法院。<br>判决书由审判人员、书记员署名，加盖人民法院印章。 |
| 第一百五十六条 人民法院审理案件，其中一部分事实已经清楚，可以就该部分先行判决。 | 第一百五十六条 人民法院审理案件，其中一部分事实已经清楚，可以就该部分先行判决。 |
| 第一百五十七条 裁定适用于下列范围：<br>（一）不予受理；<br>（二）对管辖权有异议的；<br>（三）驳回起诉；<br>（四）保全和先予执行；<br>（五）准许或者不准许撤诉；<br>（六）中止或者终结诉讼；<br>（七）补正判决书中的笔误；<br>（八）中止或者终结执行；<br>（九）撤销或者不予执行仲裁裁决；<br>（十）不予执行公证机关赋予强制执行效力的债权文书；<br>（十一）其他需要裁定解决的事项。<br>对前款第一项至第三项裁定，可以上诉。<br>裁定书应当写明裁定结果和作出该裁定的理由。裁定书由审判人员、书记员署名，加盖人民法院印章。口头裁定的，记入笔录。 | 第一百五十七条 裁定适用于下列范围：<br>（一）不予受理；<br>（二）对管辖权有异议的；<br>（三）驳回起诉；<br>（四）保全和先予执行；<br>（五）准许或者不准许撤诉；<br>（六）中止或者终结诉讼；<br>（七）补正判决书中的笔误；<br>（八）中止或者终结执行；<br>（九）撤销或者不予执行仲裁裁决；<br>（十）不予执行公证机关赋予强制执行效力的债权文书；<br>（十一）其他需要裁定解决的事项。<br>对前款第一项至第三项裁定，可以上诉。<br>裁定书应当写明裁定结果和作出该裁定的理由。裁定书由审判人员、书记员署名，加盖人民法院印章。口头裁定的，记入笔录。 |

| 修正后（2023年9月1日） | 修正前（2021年12月24日） |
|---|---|
| 第一百五十八条　最高人民法院的判决、裁定，以及依法不准上诉或者超过上诉期没有上诉的判决、裁定，是发生法律效力的判决、裁定。 | 第一百五十八条　最高人民法院的判决、裁定，以及依法不准上诉或者超过上诉期没有上诉的判决、裁定，是发生法律效力的判决、裁定。 |
| 第一百五十九条　公众可以查阅发生法律效力的判决书、裁定书，但涉及国家秘密、商业秘密和个人隐私的内容除外。 | 第一百五十九条　公众可以查阅发生法律效力的判决书、裁定书，但涉及国家秘密、商业秘密和个人隐私的内容除外。 |
| 第十三章　简易程序 | 第十三章　简易程序 |
| 第一百六十条　基层人民法院和它派出的法庭审理事实清楚、权利义务关系明确、争议不大的简单的民事案件，适用本章规定。<br>基层人民法院和它派出的法庭审理前款规定以外的民事案件，当事人双方也可以约定适用简易程序。 | 第一百六十条　基层人民法院和它派出的法庭审理事实清楚、权利义务关系明确、争议不大的简单的民事案件，适用本章规定。<br>基层人民法院和它派出的法庭审理前款规定以外的民事案件，当事人双方也可以约定适用简易程序。 |
| 第一百六十一条　对简单的民事案件，原告可以口头起诉。<br>当事人双方可以同时到基层人民法院或者它派出的法庭，请求解决纠纷。基层人民法院或者它派出的法庭可以当即审理，也可以另定日期审理。 | 第一百六十一条　对简单的民事案件，原告可以口头起诉。<br>当事人双方可以同时到基层人民法院或者它派出的法庭，请求解决纠纷。基层人民法院或者它派出的法庭可以当即审理，也可以另定日期审理。 |
| 第一百六十二条　基层人民法院和它派出的法庭审理简单的民事案件，可以用简便方式传唤当事人和证人、送达诉讼文书、审理案件，但应当保障当事人陈述意见的权利。 | 第一百六十二条　基层人民法院和它派出的法庭审理简单的民事案件，可以用简便方式传唤当事人和证人、送达诉讼文书、审理案件，但应当保障当事人陈述意见的权利。 |
| 第一百六十三条　简单的民事案件由审判员一人独任审理，并不受本法第一百三十九条、第一百四十一条、第一百四十四条规定的限制。 | 第一百六十三条　简单的民事案件由审判员一人独任审理，并不受本法第一百三十九条、第一百四十一条、第一百四十四条规定的限制。 |

| 修正后（2023年9月1日） | 修正前（2021年12月24日） |
|---|---|
| 第一百六十四条　人民法院适用简易程序审理案件，应当在立案之日起三个月内审结。有特殊情况需要延长的，经本院院长批准，可以延长一个月。 | 第一百六十四条　人民法院适用简易程序审理案件，应当在立案之日起三个月内审结。有特殊情况需要延长的，经本院院长批准，可以延长一个月。 |
| 第一百六十五条　基层人民法院和它派出的法庭审理事实清楚、权利义务关系明确、争议不大的简单金钱给付民事案件，标的额为各省、自治区、直辖市上年度就业人员年平均工资百分之五十以下的，适用小额诉讼的程序审理，实行一审终审。<br>　　基层人民法院和它派出的法庭审理前款规定的民事案件，标的额超过各省、自治区、直辖市上年度就业人员年平均工资百分之五十但在二倍以下的，当事人双方也可以约定适用小额诉讼的程序。 | 第一百六十五条　基层人民法院和它派出的法庭审理事实清楚、权利义务关系明确、争议不大的简单金钱给付民事案件，标的额为各省、自治区、直辖市上年度就业人员年平均工资百分之五十以下的，适用小额诉讼的程序审理，实行一审终审。<br>　　基层人民法院和它派出的法庭审理前款规定的民事案件，标的额超过各省、自治区、直辖市上年度就业人员年平均工资百分之五十但在二倍以下的，当事人双方也可以约定适用小额诉讼的程序。 |
| 第一百六十六条　人民法院审理下列民事案件，不适用小额诉讼的程序：<br>　　（一）人身关系、财产确权案件；<br>　　（二）涉外案件；<br>　　（三）需要评估、鉴定或者对诉前评估、鉴定结果有异议的案件；<br>　　（四）一方当事人下落不明的案件；<br>　　（五）当事人提出反诉的案件；<br>　　（六）其他不宜适用小额诉讼的程序审理的案件。 | 第一百六十六条　人民法院审理下列民事案件，不适用小额诉讼的程序：<br>　　（一）人身关系、财产确权案件；<br>　　（二）涉外案件；<br>　　（三）需要评估、鉴定或者对诉前评估、鉴定结果有异议的案件；<br>　　（四）一方当事人下落不明的案件；<br>　　（五）当事人提出反诉的案件；<br>　　（六）其他不宜适用小额诉讼的程序审理的案件。 |
| 第一百六十七条　人民法院适用小额诉讼的程序审理案件，可以一次开庭审结并且当庭宣判。 | 第一百六十七条　人民法院适用小额诉讼的程序审理案件，可以一次开庭审结并且当庭宣判。 |

| 修正后（2023年9月1日） | 修正前（2021年12月24日） |
|---|---|
| 第一百六十八条　人民法院适用小额诉讼的程序审理案件，应当在立案之日起两个月内审结。有特殊情况需要延长的，经本院院长批准，可以延长一个月。 | 第一百六十八条　人民法院适用小额诉讼的程序审理案件，应当在立案之日起两个月内审结。有特殊情况需要延长的，经本院院长批准，可以延长一个月。 |
| 第一百六十九条　人民法院在审理过程中，发现案件不宜适用小额诉讼的程序的，应当适用简易程序的其他规定审理或者裁定转为普通程序。<br>　　当事人认为案件适用小额诉讼的程序审理违反法律规定的，可以向人民法院提出异议。人民法院对当事人提出的异议应当审查，异议成立的，应当适用简易程序的其他规定审理或者裁定转为普通程序；异议不成立的，裁定驳回。 | 第一百六十九条　人民法院在审理过程中，发现案件不宜适用小额诉讼的程序的，应当适用简易程序的其他规定审理或者裁定转为普通程序。<br>　　当事人认为案件适用小额诉讼的程序审理违反法律规定的，可以向人民法院提出异议。人民法院对当事人提出的异议应当审查，异议成立的，应当适用简易程序的其他规定审理或者裁定转为普通程序；异议不成立的，裁定驳回。 |
| 第一百七十条　人民法院在审理过程中，发现案件不宜适用简易程序的，裁定转为普通程序。 | 第一百七十条　人民法院在审理过程中，发现案件不宜适用简易程序的，裁定转为普通程序。 |
| 第十四章　第二审程序 | 第十四章　第二审程序 |
| 第一百七十一条　当事人不服地方人民法院第一审判决的，有权在判决书送达之日起十五日内向上一级人民法院提起上诉。<br>　　当事人不服地方人民法院第一审裁定的，有权在裁定书送达之日起十日内向上一级人民法院提起上诉。 | 第一百七十一条　当事人不服地方人民法院第一审判决的，有权在判决书送达之日起十五日内向上一级人民法院提起上诉。<br>　　当事人不服地方人民法院第一审裁定的，有权在裁定书送达之日起十日内向上一级人民法院提起上诉。 |
| 第一百七十二条　上诉应当递交上诉状。上诉状的内容，应当包括当事人的姓名，法人的名称及其法 | 第一百七十二条　上诉应当递交上诉状。上诉状的内容，应当包括当事人的姓名，法人的名称及其法 |

| 修正后（2023年9月1日） | 修正前（2021年12月24日） |
|---|---|
| 定代表人的姓名或者其他组织的名称及其主要负责人的姓名；原审人民法院名称、案件的编号和案由；上诉的请求和理由。 | 定代表人的姓名或者其他组织的名称及其主要负责人的姓名；原审人民法院名称、案件的编号和案由；上诉的请求和理由。 |
| 第一百七十三条　上诉状应当通过原审人民法院提出，并按照对方当事人或者代表人的人数提出副本。<br>　　当事人直接向第二审人民法院上诉的，第二审人民法院应当在五日内将上诉状移交原审人民法院。 | 第一百七十三条　上诉状应当通过原审人民法院提出，并按照对方当事人或者代表人的人数提出副本。<br>　　当事人直接向第二审人民法院上诉的，第二审人民法院应当在五日内将上诉状移交原审人民法院。 |
| 第一百七十四条　原审人民法院收到上诉状，应当在五日内将上诉状副本送达对方当事人，对方当事人在收到之日起十五日内提出答辩状。人民法院应当在收到答辩状之日起五日内将副本送达上诉人。对方当事人不提出答辩状的，不影响人民法院审理。<br>　　原审人民法院收到上诉、答辩状，应当在五日内连同全部案卷和证据，报送第二审人民法院。 | 第一百七十四条　原审人民法院收到上诉状，应当在五日内将上诉状副本送达对方当事人，对方当事人在收到之日起十五日内提出答辩状。人民法院应当在收到答辩状之日起五日内将副本送达上诉人。对方当事人不提出答辩状的，不影响人民法院审理。<br>　　原审人民法院收到上诉、答辩状，应当在五日内连同全部案卷和证据，报送第二审人民法院。 |
| 第一百七十五条　第二审人民法院应当对上诉请求的有关事实和适用法律进行审查。 | 第一百七十五条　第二审人民法院应当对上诉请求的有关事实和适用法律进行审查。 |
| 第一百七十六条　第二审人民法院对上诉案件应当开庭审理。经过阅卷、调查和询问当事人，对没有提出新的事实、证据或者理由，人民法院认为不需要开庭审理的，可以不开庭审理。<br>　　第二审人民法院审理上诉案件，可以在本院进行，也可以到案件发生地或者原审人民法院所在地进行。 | 第一百七十六条　第二审人民法院对上诉案件应当开庭审理。经过阅卷、调查和询问当事人，对没有提出新的事实、证据或者理由，人民法院认为不需要开庭审理的，可以不开庭审理。<br>　　第二审人民法院审理上诉案件，可以在本院进行，也可以到案件发生地或者原审人民法院所在地进行。 |

| 修正后（2023年9月1日） | 修正前（2021年12月24日） |
|---|---|
| 第一百七十七条　第二审人民法院对上诉案件，经过审理，按照下列情形，分别处理：<br>（一）原判决、裁定认定事实清楚，适用法律正确的，以判决、裁定方式驳回上诉，维持原判决、裁定；<br>（二）原判决、裁定认定事实错误或者适用法律错误的，以判决、裁定方式依法改判、撤销或者变更；<br>（三）原判决认定基本事实不清的，裁定撤销原判决，发回原审人民法院重审，或者查清事实后改判；<br>（四）原判决遗漏当事人或者违法缺席判决等严重违反法定程序的，裁定撤销原判决，发回原审人民法院重审。<br>原审人民法院对发回重审的案件作出判决后，当事人提起上诉的，第二审人民法院不得再次发回重审。 | 第一百七十七条　第二审人民法院对上诉案件，经过审理，按照下列情形，分别处理：<br>（一）原判决、裁定认定事实清楚，适用法律正确的，以判决、裁定方式驳回上诉，维持原判决、裁定；<br>（二）原判决、裁定认定事实错误或者适用法律错误的，以判决、裁定方式依法改判、撤销或者变更；<br>（三）原判决认定基本事实不清的，裁定撤销原判决，发回原审人民法院重审，或者查清事实后改判；<br>（四）原判决遗漏当事人或者违法缺席判决等严重违反法定程序的，裁定撤销原判决，发回原审人民法院重审。<br>原审人民法院对发回重审的案件作出判决后，当事人提起上诉的，第二审人民法院不得再次发回重审。 |
| 第一百七十八条　第二审人民法院对不服第一审人民法院裁定的上诉案件的处理，一律使用裁定。 | 第一百七十八条　第二审人民法院对不服第一审人民法院裁定的上诉案件的处理，一律使用裁定。 |
| 第一百七十九条　第二审人民法院审理上诉案件，可以进行调解。调解达成协议，应当制作调解书，由审判人员、书记员署名，加盖人民法院印章。调解书送达后，原审人民法院的判决即视为撤销。 | 第一百七十九条　第二审人民法院审理上诉案件，可以进行调解。调解达成协议，应当制作调解书，由审判人员、书记员署名，加盖人民法院印章。调解书送达后，原审人民法院的判决即视为撤销。 |
| 第一百八十条　第二审人民法院判决宣告前，上诉人申请撤回上诉的，是否准许，由第二审人民法院裁定。 | 第一百八十条　第二审人民法院判决宣告前，上诉人申请撤回上诉的，是否准许，由第二审人民法院裁定。 |

| 修正后（2023年9月1日） | 修正前（2021年12月24日） |
|---|---|
| 第一百八十一条 第二审人民法院审理上诉案件，除依照本章规定外，适用第一审普通程序。 | 第一百八十一条 第二审人民法院审理上诉案件，除依照本章规定外，适用第一审普通程序。 |
| 第一百八十二条 第二审人民法院的判决、裁定，是终审的判决、裁定。 | 第一百八十二条 第二审人民法院的判决、裁定，是终审的判决、裁定。 |
| 第一百八十三条 人民法院审理对判决的上诉案件，应当在第二审立案之日起三个月内审结。有特殊情况需要延长的，由本院院长批准。<br>人民法院审理对裁定的上诉案件，应当在第二审立案之日起三十日内作出终审裁定。 | 第一百八十三条 人民法院审理对判决的上诉案件，应当在第二审立案之日起三个月内审结。有特殊情况需要延长的，由本院院长批准。<br>人民法院审理对裁定的上诉案件，应当在第二审立案之日起三十日内作出终审裁定。 |
| 第十五章 特别程序 | 第十五章 特别程序 |
| 第一节 一般规定 | 第一节 一般规定 |
| 第一百八十四条 人民法院审理选民资格案件、宣告失踪或者宣告死亡案件、**指定遗产管理人案件**、认定公民无民事行为能力或者限制民事行为能力案件、认定财产无主案件、确认调解协议案件和实现担保物权案件，适用本章规定。本章没有规定的，适用本法和其他法律的有关规定。 | 第一百八十四条 人民法院审理选民资格案件、宣告失踪或者宣告死亡案件、认定公民无民事行为能力或者限制民事行为能力案件、认定财产无主案件、确认调解协议案件和实现担保物权案件，适用本章规定。本章没有规定的，适用本法和其他法律的有关规定。 |
| 第一百八十五条 依照本章程序审理的案件，实行一审终审。选民资格案件或者重大、疑难的案件，由审判员组成合议庭审理；其他案件由审判员一人独任审理。 | 第一百八十五条 依照本章程序审理的案件，实行一审终审。选民资格案件或者重大、疑难的案件，由审判员组成合议庭审理；其他案件由审判员一人独任审理。 |
| 第一百八十六条 人民法院在依照本章程序审理案件的过程中， | 第一百八十六条 人民法院在依照本章程序审理案件的过程中， |

| 修正后（2023年9月1日） | 修正前（2021年12月24日） |
|---|---|
| 发现本案属于民事权益争议的，应当裁定终结特别程序，并告知利害关系人可以另行起诉。 | 发现本案属于民事权益争议的，应当裁定终结特别程序，并告知利害关系人可以另行起诉。 |
| 　第一百八十七条　人民法院适用特别程序审理的案件，应当在立案之日起三十日内或者公告期满后三十日内审结。有特殊情况需要延长的，由本院院长批准。但审理选民资格的案件除外。 | 　第一百八十七条　人民法院适用特别程序审理的案件，应当在立案之日起三十日内或者公告期满后三十日内审结。有特殊情况需要延长的，由本院院长批准。但审理选民资格的案件除外。 |
| 第二节　选民资格案件 | 第二节　选民资格案件 |
| 　第一百八十八条　公民不服选举委员会对选民资格的申诉所作的处理决定，可以在选举日的五日以前向选区所在地基层人民法院起诉。 | 　第一百八十八条　公民不服选举委员会对选民资格的申诉所作的处理决定，可以在选举日的五日以前向选区所在地基层人民法院起诉。 |
| 　第一百八十九条　人民法院受理选民资格案件后，必须在选举日前审结。<br>　审理时，起诉人、选举委员会的代表和有关公民必须参加。<br>　人民法院的判决书，应当在选举日前送达选举委员会和起诉人，并通知有关公民。 | 　第一百八十九条　人民法院受理选民资格案件后，必须在选举日前审结。<br>　审理时，起诉人、选举委员会的代表和有关公民必须参加。<br>　人民法院的判决书，应当在选举日前送达选举委员会和起诉人，并通知有关公民。 |
| 第三节　宣告失踪、宣告死亡案件 | 第三节　宣告失踪、宣告死亡案件 |
| 　第一百九十条　公民下落不明满二年，利害关系人申请宣告其失踪的，向下落不明人住所地基层人民法院提出。<br>　申请书应当写明失踪的事实、时间和请求，并附有公安机关或者其他有关机关关于该公民下落不明的书面证明。 | 　第一百九十条　公民下落不明满二年，利害关系人申请宣告其失踪的，向下落不明人住所地基层人民法院提出。<br>　申请书应当写明失踪的事实、时间和请求，并附有公安机关或者其他有关机关关于该公民下落不明的书面证明。 |

| 修正后（2023年9月1日） | 修正前（2021年12月24日） |
|---|---|
| 第一百九十一条 公民下落不明满四年，或者因意外事件下落不明满二年，或者因意外事件下落不明，经有关机关证明该公民不可能生存，利害关系人申请宣告其死亡的，向下落不明人住所地基层人民法院提出。<br>　　申请书应当写明下落不明的事实、时间和请求，并附有公安机关或者其他有关机关关于该公民下落不明的书面证明。 | 第一百九十一条 公民下落不明满四年，或者因意外事件下落不明满二年，或者因意外事件下落不明，经有关机关证明该公民不可能生存，利害关系人申请宣告其死亡的，向下落不明人住所地基层人民法院提出。<br>　　申请书应当写明下落不明的事实、时间和请求，并附有公安机关或者其他有关机关关于该公民下落不明的书面证明。 |
| 第一百九十二条 人民法院受理宣告失踪、宣告死亡案件后，应当发出寻找下落不明人的公告。宣告失踪的公告期间为三个月，宣告死亡的公告期间为一年。因意外事件下落不明，经有关机关证明该公民不可能生存的，宣告死亡的公告期间为三个月。<br>　　公告期间届满，人民法院应当根据被宣告失踪、宣告死亡的事实是否得到确认，作出宣告失踪、宣告死亡的判决或者驳回申请的判决。 | 第一百九十二条 人民法院受理宣告失踪、宣告死亡案件后，应当发出寻找下落不明人的公告。宣告失踪的公告期间为三个月，宣告死亡的公告期间为一年。因意外事件下落不明，经有关机关证明该公民不可能生存的，宣告死亡的公告期间为三个月。<br>　　公告期间届满，人民法院应当根据被宣告失踪、宣告死亡的事实是否得到确认，作出宣告失踪、宣告死亡的判决或者驳回申请的判决。 |
| 第一百九十三条 被宣告失踪、宣告死亡的公民重新出现，经本人或者利害关系人申请，人民法院应当作出新判决，撤销原判决。 | 第一百九十三条 被宣告失踪、宣告死亡的公民重新出现，经本人或者利害关系人申请，人民法院应当作出新判决，撤销原判决。 |
| 第四节　指定遗产管理人案件 | |
| 第一百九十四条 对遗产管理人的确定有争议，利害关系人申请指定遗产管理人的，向被继承人死亡时住所地或者主要遗产所在地基层人民法院提出。 | |

| 修正后（2023年9月1日） | 修正前（2021年12月24日） |
|---|---|
| 申请书应当写明被继承人死亡的时间、申请事由和具体请求，并附有被继承人死亡的相关证据。 | |
| 第一百九十五条 人民法院受理申请后，应当审查核实，并按照有利于遗产管理的原则，判决指定遗产管理人。 | |
| 第一百九十六条 被指定的遗产管理人死亡、终止、丧失民事行为能力或者存在其他无法继续履行遗产管理职责情形的，人民法院可以根据利害关系人或者本人的申请另行指定遗产管理人。 | |
| 第一百九十七条 遗产管理人违反遗产管理职责，严重侵害继承人、受遗赠人或者债权人合法权益的，人民法院可以根据利害关系人的申请，撤销其遗产管理人资格，并依法指定新的遗产管理人。 | |
| 第五节 认定公民无民事行为能力、限制民事行为能力案件 | 第四节 认定公民无民事行为能力、限制民事行为能力案件 |
| 第一百九十八条 申请认定公民无民事行为能力或者限制民事行为能力，由利害关系人或者有关组织向该公民住所地基层人民法院提出。<br>申请书应当写明该公民无民事行为能力或者限制民事行为能力的事实和根据。 | 第一百九十四条 申请认定公民无民事行为能力或者限制民事行为能力，由利害关系人或者有关组织向该公民住所地基层人民法院提出。<br>申请书应当写明该公民无民事行为能力或者限制民事行为能力的事实和根据。 |

| 修正后（2023年9月1日） | 修正前（2021年12月24日） |
|---|---|
| 第一百九十九条 人民法院受理申请后，必要时应当对被请求认定为无民事行为能力或者限制民事行为能力的公民进行鉴定。申请人已提供鉴定意见的，应当对鉴定意见进行审查。 | 第一百九十五条 人民法院受理申请后，必要时应当对被请求认定为无民事行为能力或者限制民事行为能力的公民进行鉴定。申请人已提供鉴定意见的，应当对鉴定意见进行审查。 |
| 第二百条 人民法院审理认定公民无民事行为能力或者限制民事行为能力的案件，应当由该公民的近亲属为代理人，但申请人除外。近亲属互相推诿的，由人民法院指定其中一人为代理人。该公民健康情况许可的，还应当询问本人的意见。<br>人民法院经审理认定申请有事实根据的，判决该公民为无民事行为能力或者限制民事行为能力人；认定申请没有事实根据的，应当判决予以驳回。 | 第一百九十六条 人民法院审理认定公民无民事行为能力或者限制民事行为能力的案件，应当由该公民的近亲属为代理人，但申请人除外。近亲属互相推诿的，由人民法院指定其中一人为代理人。该公民健康情况许可的，还应当询问本人的意见。<br>人民法院经审理认定申请有事实根据的，判决该公民为无民事行为能力或者限制民事行为能力人；认定申请没有事实根据的，应当判决予以驳回。 |
| 第二百零一条 人民法院根据被认定为无民事行为能力人、限制民事行为能力人本人、利害关系人或者有关组织的申请，证实该公民无民事行为能力或者限制民事行为能力的原因已经消除的，应当作出新判决，撤销原判决。 | 第一百九十七条 人民法院根据被认定为无民事行为能力人、限制民事行为能力人本人、利害关系人或者有关组织的申请，证实该公民无民事行为能力或者限制民事行为能力的原因已经消除的，应当作出新判决，撤销原判决。 |
| 第六节 认定财产无主案件 | 第五节 认定财产无主案件 |
| 第二百零二条 申请认定财产无主，由公民、法人或者其他组织向财产所在地基层人民法院提出。<br>申请书应当写明财产的种类、数量以及要求认定财产无主的根据。 | 第一百九十八条 申请认定财产无主，由公民、法人或者其他组织向财产所在地基层人民法院提出。<br>申请书应当写明财产的种类、数量以及要求认定财产无主的根据。 |

| 修正后（2023年9月1日） | 修正前（2021年12月24日） |
|---|---|
| 第二百零三条 人民法院受理申请后，经审查核实，应当发出财产认领公告。公告满一年无人认领的，判决认定财产无主，收归国家或者集体所有。 | 第一百九十九条 人民法院受理申请后，经审查核实，应当发出财产认领公告。公告满一年无人认领的，判决认定财产无主，收归国家或者集体所有。 |
| 第二百零四条 判决认定财产无主后，原财产所有人或者继承人出现，在民法典规定的诉讼时效期间可以对财产提出请求，人民法院审查属实后，应当作出新判决，撤销原判决。 | 第二百条 判决认定财产无主后，原财产所有人或者继承人出现，在民法典规定的诉讼时效期间可以对财产提出请求，人民法院审查属实后，应当作出新判决，撤销原判决。 |
| 第七节 确认调解协议案件 | 第六节 确认调解协议案件 |
| 第二百零五条 经依法设立的调解组织调解达成调解协议，申请司法确认的，由双方当事人自调解协议生效之日起三十日内，共同向下列人民法院提出：<br>（一）人民法院邀请调解组织开展先行调解的，向作出邀请的人民法院提出；<br>（二）调解组织自行开展调解的，向当事人住所地、标的物所在地、调解组织所在地的基层人民法院提出；调解协议所涉纠纷应当由中级人民法院管辖的，向相应的中级人民法院提出。 | 第二百零一条 经依法设立的调解组织调解达成调解协议，申请司法确认的，由双方当事人自调解协议生效之日起三十日内，共同向下列人民法院提出：<br>（一）人民法院邀请调解组织开展先行调解的，向作出邀请的人民法院提出；<br>（二）调解组织自行开展调解的，向当事人住所地、标的物所在地、调解组织所在地的基层人民法院提出；调解协议所涉纠纷应当由中级人民法院管辖的，向相应的中级人民法院提出。 |
| 第二百零六条 人民法院受理申请后，经审查，符合法律规定的，裁定调解协议有效，一方当事人拒绝履行或者未全部履行的，对方当事人可以向人民法院申请执行；不符合法律规定的，裁定驳回申请，当 | 第二百零二条 人民法院受理申请后，经审查，符合法律规定的，裁定调解协议有效，一方当事人拒绝履行或者未全部履行的，对方当事人可以向人民法院申请执行；不符合法律规定的，裁定驳回申请，当 |

| 修正后（2023年9月1日） | 修正前（2021年12月24日） |
|---|---|
| 事人可以通过调解方式变更原调解协议或者达成新的调解协议，也可以向人民法院提起诉讼。 | 事人可以通过调解方式变更原调解协议或者达成新的调解协议，也可以向人民法院提起诉讼。 |
| 第<u>八</u>节　实现担保物权案件 | 第七节　实现担保物权案件 |
| **第二百零七条**　申请实现担保物权，由担保物权人以及其他有权请求实现担保物权的人依照民法典等法律，向担保财产所在地或者担保物权登记地基层人民法院提出。 | **第二百零三条**　申请实现担保物权，由担保物权人以及其他有权请求实现担保物权的人依照民法典等法律，向担保财产所在地或者担保物权登记地基层人民法院提出。 |
| **第二百零八条**　人民法院受理申请后，经审查，符合法律规定的，裁定拍卖、变卖担保财产，当事人依据该裁定可以向人民法院申请执行；不符合法律规定的，裁定驳回申请，当事人可以向人民法院提起诉讼。 | **第二百零四条**　人民法院受理申请后，经审查，符合法律规定的，裁定拍卖、变卖担保财产，当事人依据该裁定可以向人民法院申请执行；不符合法律规定的，裁定驳回申请，当事人可以向人民法院提起诉讼。 |
| 第十六章　审判监督程序 | 第十六章　审判监督程序 |
| **第二百零九条**　各级人民法院院长对本院已经发生法律效力的判决、裁定、调解书，发现确有错误，认为需要再审的，应当提交审判委员会讨论决定。<br>最高人民法院对地方各级人民法院已经发生法律效力的判决、裁定、调解书，上级人民法院对下级人民法院已经发生法律效力的判决、裁定、调解书，发现确有错误的，有权提审或者指令下级人民法院再审。 | **第二百零五条**　各级人民法院院长对本院已经发生法律效力的判决、裁定、调解书，发现确有错误，认为需要再审的，应当提交审判委员会讨论决定。<br>最高人民法院对地方各级人民法院已经发生法律效力的判决、裁定、调解书，上级人民法院对下级人民法院已经发生法律效力的判决、裁定、调解书，发现确有错误的，有权提审或者指令下级人民法院再审。 |
| **第二百一十条**　当事人对已发生法律效力的判决、裁定，认为有错误的，可以向上一级人民法院申请 | **第二百零六条**　当事人对已发生法律效力的判决、裁定，认为有错误的，可以向上一级人民法院申请 |

| 修正后（2023年9月1日） | 修正前（2021年12月24日） |
|---|---|
| 再审；当事人一方人数众多或者当事人双方为公民的案件，也可以向原审人民法院申请再审。当事人申请再审的，不停止判决、裁定的执行。 | 再审；当事人一方人数众多或者当事人双方为公民的案件，也可以向原审人民法院申请再审。当事人申请再审的，不停止判决、裁定的执行。 |
| 　　**第二百一十一条**　当事人的申请符合下列情形之一的，人民法院应当再审：<br>　　（一）有新的证据，足以推翻原判决、裁定的；<br>　　（二）原判决、裁定认定的基本事实缺乏证据证明的；<br>　　（三）原判决、裁定认定事实的主要证据是伪造的；<br>　　（四）原判决、裁定认定事实的主要证据未经质证的；<br>　　（五）对审理案件需要的主要证据，当事人因客观原因不能自行收集，书面申请人民法院调查收集，人民法院未调查收集的；<br>　　（六）原判决、裁定适用法律确有错误的；<br>　　（七）审判组织的组成不合法或者依法应当回避的审判人员没有回避的；<br>　　（八）无诉讼行为能力人未经法定代理人代为诉讼或者应当参加诉讼的当事人，因不能归责于本人或者其诉讼代理人的事由，未参加诉讼的；<br>　　（九）违反法律规定，剥夺当事人辩论权利的；<br>　　（十）未经传票传唤，缺席判决的； | 　　**第二百零七条**　当事人的申请符合下列情形之一的，人民法院应当再审：<br>　　（一）有新的证据，足以推翻原判决、裁定的；<br>　　（二）原判决、裁定认定的基本事实缺乏证据证明的；<br>　　（三）原判决、裁定认定事实的主要证据是伪造的；<br>　　（四）原判决、裁定认定事实的主要证据未经质证的；<br>　　（五）对审理案件需要的主要证据，当事人因客观原因不能自行收集，书面申请人民法院调查收集，人民法院未调查收集的；<br>　　（六）原判决、裁定适用法律确有错误的；<br>　　（七）审判组织的组成不合法或者依法应当回避的审判人员没有回避的；<br>　　（八）无诉讼行为能力人未经法定代理人代为诉讼或者应当参加诉讼的当事人，因不能归责于本人或者其诉讼代理人的事由，未参加诉讼的；<br>　　（九）违反法律规定，剥夺当事人辩论权利的；<br>　　（十）未经传票传唤，缺席判决的； |

| 修正后（2023年9月1日） | 修正前（2021年12月24日） |
|---|---|
| （十一）原判决、裁定遗漏或者超出诉讼请求的；<br>（十二）据以作出原判决、裁定的法律文书被撤销或者变更的；<br>（十三）审判人员审理该案件时有贪污受贿，徇私舞弊，枉法裁判行为的。 | （十一）原判决、裁定遗漏或者超出诉讼请求的；<br>（十二）据以作出原判决、裁定的法律文书被撤销或者变更的；<br>（十三）审判人员审理该案件时有贪污受贿，徇私舞弊，枉法裁判行为的。 |
| 第二百一十二条 当事人对已经发生法律效力的调解书，提出证据证明调解违反自愿原则或者调解协议的内容违反法律的，可以申请再审。经人民法院审查属实的，应当再审。 | 第二百零八条 当事人对已经发生法律效力的调解书，提出证据证明调解违反自愿原则或者调解协议的内容违反法律的，可以申请再审。经人民法院审查属实的，应当再审。 |
| 第二百一十三条 当事人对已经发生法律效力的解除婚姻关系的判决、调解书，不得申请再审。 | 第二百零九条 当事人对已经发生法律效力的解除婚姻关系的判决、调解书，不得申请再审。 |
| 第二百一十四条 当事人申请再审的，应当提交再审申请书等材料。人民法院应当自收到再审申请书之日起五日内将再审申请书副本发送对方当事人。对方当事人应当自收到再审申请书副本之日起十五日内提交书面意见；不提交书面意见的，不影响人民法院审查。人民法院可以要求申请人和对方当事人补充有关材料，询问有关事项。 | 第二百一十条 当事人申请再审的，应当提交再审申请书等材料。人民法院应当自收到再审申请书之日起五日内将再审申请书副本发送对方当事人。对方当事人应当自收到再审申请书副本之日起十五日内提交书面意见；不提交书面意见的，不影响人民法院审查。人民法院可以要求申请人和对方当事人补充有关材料，询问有关事项。 |
| 第二百一十五条 人民法院应当自收到再审申请书之日起三个月内审查，符合本法规定的，裁定再审；不符合本法规定的，裁定驳回申请。有特殊情况需要延长的，由本院院长批准。 | 第二百一十一条 人民法院应当自收到再审申请书之日起三个月内审查，符合本法规定的，裁定再审；不符合本法规定的，裁定驳回申请。有特殊情况需要延长的，由本院院长批准。 |

| 修正后（2023年9月1日） | 修正前（2021年12月24日） |
|---|---|
| 因当事人申请裁定再审的案件由中级人民法院以上的人民法院审理，但当事人依照本法第二百一十条的规定选择向基层人民法院申请再审的除外。最高人民法院、高级人民法院裁定再审的案件，由本院再审或者交其他人民法院再审，也可以交原审人民法院再审。 | 因当事人申请裁定再审的案件由中级人民法院以上的人民法院审理，但当事人依照本法第二百零六条的规定选择向基层人民法院申请再审的除外。最高人民法院、高级人民法院裁定再审的案件，由本院再审或者交其他人民法院再审，也可以交原审人民法院再审。 |
| 第二百一十六条　当事人申请再审，应当在判决、裁定发生法律效力后六个月内提出；有本法第二百一十一条第一项、第三项、第十二项、第十三项规定情形的，自知道或者应当知道之日起六个月内提出。 | 第二百一十二条　当事人申请再审，应当在判决、裁定发生法律效力后六个月内提出；有本法第二百零七条第一项、第三项、第十二项、第十三项规定情形的，自知道或者应当知道之日起六个月内提出。 |
| 第二百一十七条　按照审判监督程序决定再审的案件，裁定中止原判决、裁定、调解书的执行，但追索赡养费、扶养费、抚养费、抚恤金、医疗费用、劳动报酬等案件，可以不中止执行。 | 第二百一十三条　按照审判监督程序决定再审的案件，裁定中止原判决、裁定、调解书的执行，但追索赡养费、扶养费、抚养费、抚恤金、医疗费用、劳动报酬等案件，可以不中止执行。 |
| 第二百一十八条　人民法院按照审判监督程序再审的案件，发生法律效力的判决、裁定是由第一审法院作出的，按照第一审程序审理，所作的判决、裁定，当事人可以上诉；发生法律效力的判决、裁定是由第二审法院作出的，按照第二审程序审理，所作的判决、裁定，是发生法律效力的判决、裁定；上级人民法院按照审判监督程序提审的，按照第二审程序审理，所作的判决、裁定是发生法律效力的判决、裁定。 | 第二百一十四条　人民法院按照审判监督程序再审的案件，发生法律效力的判决、裁定是由第一审法院作出的，按照第一审程序审理，所作的判决、裁定，当事人可以上诉；发生法律效力的判决、裁定是由第二审法院作出的，按照第二审程序审理，所作的判决、裁定，是发生法律效力的判决、裁定；上级人民法院按照审判监督程序提审的，按照第二审程序审理，所作的判决、裁定是发生法律效力的判决、裁定。 |

| 修正后（2023年9月1日） | 修正前（2021年12月24日） |
|---|---|
| 人民法院审理再审案件，应当另行组成合议庭。 | 人民法院审理再审案件，应当另行组成合议庭。 |
| 第二百一十九条 最高人民检察院对各级人民法院已经发生法律效力的判决、裁定，上级人民检察院对下级人民法院已经发生法律效力的判决、裁定，发现有本法第二百一十一条规定情形之一的，或者发现调解书损害国家利益、社会公共利益的，应当提出抗诉。<br><br>地方各级人民检察院对同级人民法院已经发生法律效力的判决、裁定，发现有本法第二百一十一条规定情形之一的，或者发现调解书损害国家利益、社会公共利益的，可以向同级人民法院提出检察建议，并报上级人民检察院备案；也可以提请上级人民检察院向同级人民法院提出抗诉。<br><br>各级人民检察院对审判监督程序以外的其他审判程序中审判人员的违法行为，有权向同级人民法院提出检察建议。 | 第二百一十五条 最高人民检察院对各级人民法院已经发生法律效力的判决、裁定，上级人民检察院对下级人民法院已经发生法律效力的判决、裁定，发现有本法第二百零七条规定情形之一的，或者发现调解书损害国家利益、社会公共利益的，应当提出抗诉。<br><br>地方各级人民检察院对同级人民法院已经发生法律效力的判决、裁定，发现有本法第二百零七条规定情形之一的，或者发现调解书损害国家利益、社会公共利益的，可以向同级人民法院提出检察建议，并报上级人民检察院备案；也可以提请上级人民检察院向同级人民法院提出抗诉。<br><br>各级人民检察院对审判监督程序以外的其他审判程序中审判人员的违法行为，有权向同级人民法院提出检察建议。 |
| 第二百二十条 有下列情形之一的，当事人可以向人民检察院申请检察建议或者抗诉：<br>（一）人民法院驳回再审申请的；<br>（二）人民法院逾期未对再审申请作出裁定的；<br>（三）再审判决、裁定有明显错误的。<br>人民检察院对当事人的申请应当在三个月内进行审查，作出提出 | 第二百一十六条 有下列情形之一的，当事人可以向人民检察院申请检察建议或者抗诉：<br>（一）人民法院驳回再审申请的；<br>（二）人民法院逾期未对再审申请作出裁定的；<br>（三）再审判决、裁定有明显错误的。<br>人民检察院对当事人的申请应当在三个月内进行审查，作出提出 |

| 修正后（2023年9月1日） | 修正前（2021年12月24日） |
|---|---|
| 或者不予提出检察建议或者抗诉的决定。当事人不得再次向人民检察院申请检察建议或者抗诉。 | 或者不予提出检察建议或者抗诉的决定。当事人不得再次向人民检察院申请检察建议或者抗诉。 |
| 　　**第二百二十一条**　人民检察院因履行法律监督职责提出检察建议或者抗诉的需要，可以向当事人或者案外人调查核实有关情况。 | 　　**第二百一十七条**　人民检察院因履行法律监督职责提出检察建议或者抗诉的需要，可以向当事人或者案外人调查核实有关情况。 |
| 　　**第二百二十二条**　人民检察院提出抗诉的案件，接受抗诉的人民法院应当自收到抗诉书之日起三十日内作出再审的裁定；有本法<u>第二百一十一条</u>第一项至第五项规定情形之一的，可以交下一级人民法院再审，但经该下一级人民法院再审的除外。 | 　　**第二百一十八条**　人民检察院提出抗诉的案件，接受抗诉的人民法院应当自收到抗诉书之日起三十日内作出再审的裁定；有本法<u>第二百零七条</u>第一项至第五项规定情形之一的，可以交下一级人民法院再审，但经该下一级人民法院再审的除外。 |
| 　　**第二百二十三条**　人民检察院决定对人民法院的判决、裁定、调解书提出抗诉的，<u>应当制作抗诉书</u>。 | 　　**第二百一十九条**　人民检察院决定对人民法院的判决、裁定、调解书提出抗诉的，<u>应当制作抗诉书</u>。 |
| 　　**第二百二十四条**　人民检察院提出抗诉的案件，人民法院再审时，应当通知人民检察院派员出席法庭。 | 　　**第二百二十条**　人民检察院提出抗诉的案件，人民法院再审时，应当通知人民检察院派员出席法庭。 |
| 　　　　　第十七章　督促程序 | 　　　　　第十七章　督促程序 |
| 　　**第二百二十五条**　债权人请求债务人给付金钱、有价证券，符合下列条件的，可以向有管辖权的基层人民法院申请支付令：<br>　　（一）债权人与债务人没有其他债务纠纷的；<br>　　（二）支付令能够送达债务人的。<br>　　申请书应当写明请求给付金钱或者有价证券的数量和所根据的事实、证据。 | 　　**第二百二十一条**　债权人请求债务人给付金钱、有价证券，符合下列条件的，可以向有管辖权的基层人民法院申请支付令：<br>　　（一）债权人与债务人没有其他债务纠纷的；<br>　　（二）支付令能够送达债务人的。<br>　　申请书应当写明请求给付金钱或者有价证券的数量和所根据的事实、证据。 |

| 修正后（2023年9月1日） | 修正前（2021年12月24日） |
|---|---|
| 第二百二十六条 债权人提出申请后，人民法院应当在五日内通知债权人是否受理。 | 第二百二十二条 债权人提出申请后，人民法院应当在五日内通知债权人是否受理。 |
| 第二百二十七条 人民法院受理申请后，经审查债权人提供的事实、证据，对债权债务关系明确、合法的，应当在受理之日起十五日内向债务人发出支付令；申请不成立的，裁定予以驳回。<br>债务人应当自收到支付令之日起十五日内清偿债务，或者向人民法院提出书面异议。<br>债务人在前款规定的期间不提出异议又不履行支付令的，债权人可以向人民法院申请执行。 | 第二百二十三条 人民法院受理申请后，经审查债权人提供的事实、证据，对债权债务关系明确、合法的，应当在受理之日起十五日内向债务人发出支付令；申请不成立的，裁定予以驳回。<br>债务人应当自收到支付令之日起十五日内清偿债务，或者向人民法院提出书面异议。<br>债务人在前款规定的期间不提出异议又不履行支付令的，债权人可以向人民法院申请执行。 |
| 第二百二十八条 人民法院收到债务人提出的书面异议后，经审查，异议成立的，应当裁定终结督促程序，支付令自行失效。<br>支付令失效的，转入诉讼程序，但申请支付令的一方当事人不同意提起诉讼的除外。 | 第二百二十四条 人民法院收到债务人提出的书面异议后，经审查，异议成立的，应当裁定终结督促程序，支付令自行失效。<br>支付令失效的，转入诉讼程序，但申请支付令的一方当事人不同意提起诉讼的除外。 |
| 第十八章 公示催告程序 | 第十八章 公示催告程序 |
| 第二百二十九条 按照规定可以背书转让的票据持有人，因票据被盗、遗失或者灭失，可以向票据支付地的基层人民法院申请公示催告。依照法律规定可以申请公示催告的其他事项，适用本章规定。<br>申请人应当向人民法院递交申请书，写明票面金额、发票人、持票人、背书人等票据主要内容和申请的理由、事实。 | 第二百二十五条 按照规定可以背书转让的票据持有人，因票据被盗、遗失或者灭失，可以向票据支付地的基层人民法院申请公示催告。依照法律规定可以申请公示催告的其他事项，适用本章规定。<br>申请人应当向人民法院递交申请书，写明票面金额、发票人、持票人、背书人等票据主要内容和申请的理由、事实。 |

| 修正后（2023年9月1日） | 修正前（2021年12月24日） |
|---|---|
| 第二百三十条　人民法院决定受理申请，应当同时通知支付人停止支付，并在三日内发出公告，催促利害关系人申报权利。公示催告的期间，由人民法院根据情况决定，但不得少于六十日。 | 第二百二十六条　人民法院决定受理申请，应当同时通知支付人停止支付，并在三日内发出公告，催促利害关系人申报权利。公示催告的期间，由人民法院根据情况决定，但不得少于六十日。 |
| 第二百三十一条　支付人收到人民法院停止支付的通知，应当停止支付，至公示催告程序终结。<br>公示催告期间，转让票据权利的行为无效。 | 第二百二十七条　支付人收到人民法院停止支付的通知，应当停止支付，至公示催告程序终结。<br>公示催告期间，转让票据权利的行为无效。 |
| 第二百三十二条　利害关系人应当在公示催告期间向人民法院申报。<br>人民法院收到利害关系人的申报后，应当裁定终结公示催告程序，并通知申请人和支付人。<br>申请人或者申报人可以向人民法院起诉。 | 第二百二十八条　利害关系人应当在公示催告期间向人民法院申报。<br>人民法院收到利害关系人的申报后，应当裁定终结公示催告程序，并通知申请人和支付人。<br>申请人或者申报人可以向人民法院起诉。 |
| 第二百三十三条　没有人申报的，人民法院应当根据申请人的申请，作出判决，宣告票据无效。判决应当公告，并通知支付人。自判决公告之日起，申请人有权向支付人请求支付。 | 第二百二十九条　没有人申报的，人民法院应当根据申请人的申请，作出判决，宣告票据无效。判决应当公告，并通知支付人。自判决公告之日起，申请人有权向支付人请求支付。 |
| 第二百三十四条　利害关系人因正当理由不能在判决前向人民法院申报的，自知道或者应当知道判决公告之日起一年内，可以向作出判决的人民法院起诉。 | 第二百三十条　利害关系人因正当理由不能在判决前向人民法院申报的，自知道或者应当知道判决公告之日起一年内，可以向作出判决的人民法院起诉。 |

| 修正后（2023年9月1日） | 修正前（2021年12月24日） |
|---|---|
| 第三编　执行程序 | 第三编　执行程序 |
| 第十九章　一般规定 | 第十九章　一般规定 |
| 　　**第二百三十五条**　发生法律效力的民事判决、裁定，以及刑事判决、裁定中的财产部分，由第一审人民法院或者与第一审人民法院同级的被执行的财产所在地人民法院执行。<br>　　法律规定由人民法院执行的其他法律文书，由被执行人住所地或者被执行的财产所在地人民法院执行。 | 　　**第二百三十一条**　发生法律效力的民事判决、裁定，以及刑事判决、裁定中的财产部分，由第一审人民法院或者与第一审人民法院同级的被执行的财产所在地人民法院执行。<br>　　法律规定由人民法院执行的其他法律文书，由被执行人住所地或者被执行的财产所在地人民法院执行。 |
| 　　**第二百三十六条**　当事人、利害关系人认为执行行为违反法律规定的，可以向负责执行的人民法院提出书面异议。当事人、利害关系人提出书面异议的，人民法院应当自收到书面异议之日起十五日内审查，理由成立的，裁定撤销或者改正；理由不成立的，裁定驳回。当事人、利害关系人对裁定不服的，可以自裁定送达之日起十日内向上一级人民法院申请复议。 | 　　**第二百三十二条**　当事人、利害关系人认为执行行为违反法律规定的，可以向负责执行的人民法院提出书面异议。当事人、利害关系人提出书面异议的，人民法院应当自收到书面异议之日起十五日内审查，理由成立的，裁定撤销或者改正；理由不成立的，裁定驳回。当事人、利害关系人对裁定不服的，可以自裁定送达之日起十日内向上一级人民法院申请复议。 |
| 　　**第二百三十七条**　人民法院自收到申请执行书之日起超过六个月未执行的，申请执行人可以向上一级人民法院申请执行。上一级人民法院经审查，可以责令原人民法院在一定期限内执行，也可以决定由本院执行或者指令其他人民法院执行。 | 　　**第二百三十三条**　人民法院自收到申请执行书之日起超过六个月未执行的，申请执行人可以向上一级人民法院申请执行。上一级人民法院经审查，可以责令原人民法院在一定期限内执行，也可以决定由本院执行或者指令其他人民法院执行。 |

| 修正后（2023年9月1日） | 修正前（2021年12月24日） |
|---|---|
| 第二百三十八条 执行过程中，案外人对执行标的提出书面异议的，人民法院应当自收到书面异议之日起十五日内审查，理由成立的，裁定中止对该标的的执行；理由不成立的，裁定驳回。案外人、当事人对裁定不服，认为原判决、裁定错误的，依照审判监督程序办理；与原判决、裁定无关的，可以自裁定送达之日起十五日内向人民法院提起诉讼。 | 第二百三十四条 执行过程中，案外人对执行标的提出书面异议的，人民法院应当自收到书面异议之日起十五日内审查，理由成立的，裁定中止对该标的的执行；理由不成立的，裁定驳回。案外人、当事人对裁定不服，认为原判决、裁定错误的，依照审判监督程序办理；与原判决、裁定无关的，可以自裁定送达之日起十五日内向人民法院提起诉讼。 |
| 第二百三十九条 执行工作由执行员进行。<br>采取强制执行措施时，执行员应当出示证件。执行完毕后，应当将执行情况制作笔录，由在场的有关人员签名或者盖章。<br>人民法院根据需要可以设立执行机构。 | 第二百三十五条 执行工作由执行员进行。<br>采取强制执行措施时，执行员应当出示证件。执行完毕后，应当将执行情况制作笔录，由在场的有关人员签名或者盖章。<br>人民法院根据需要可以设立执行机构。 |
| 第二百四十条 被执行人或者被执行的财产在外地的，可以委托当地人民法院代为执行。受委托人民法院收到委托函件后，必须在十五日内开始执行，不得拒绝。执行完毕后，应当将执行结果及时函复委托人民法院；在三十日内如果还未执行完毕，也应当将执行情况函告委托人民法院。<br>受委托人民法院自收到委托函件之日起十五日内不执行的，委托人民法院可以请求受委托人民法院的上级人民法院指令受委托人民法院执行。 | 第二百三十六条 被执行人或者被执行的财产在外地的，可以委托当地人民法院代为执行。受委托人民法院收到委托函件后，必须在十五日内开始执行，不得拒绝。执行完毕后，应当将执行结果及时函复委托人民法院；在三十日内如果还未执行完毕，也应当将执行情况函告委托人民法院。<br>受委托人民法院自收到委托函件之日起十五日内不执行的，委托人民法院可以请求受委托人民法院的上级人民法院指令受委托人民法院执行。 |

| 修正后（2023年9月1日） | 修正前（2021年12月24日） |
|---|---|
| 第二百四十一条　在执行中，双方当事人自行和解达成协议的，执行员应当将协议内容记入笔录，由双方当事人签名或者盖章。<br>申请执行人因受欺诈、胁迫与被执行人达成和解协议，或者当事人不履行和解协议的，人民法院可以根据当事人的申请，恢复对原生效法律文书的执行。 | 第二百三十七条　在执行中，双方当事人自行和解达成协议的，执行员应当将协议内容记入笔录，由双方当事人签名或者盖章。<br>申请执行人因受欺诈、胁迫与被执行人达成和解协议，或者当事人不履行和解协议的，人民法院可以根据当事人的申请，恢复对原生效法律文书的执行。 |
| 第二百四十二条　在执行中，被执行人向人民法院提供担保，并经申请执行人同意的，人民法院可以决定暂缓执行及暂缓执行的期限。被执行人逾期仍不履行的，人民法院有权执行被执行人的担保财产或者担保人的财产。 | 第二百三十八条　在执行中，被执行人向人民法院提供担保，并经申请执行人同意的，人民法院可以决定暂缓执行及暂缓执行的期限。被执行人逾期仍不履行的，人民法院有权执行被执行人的担保财产或者担保人的财产。 |
| 第二百四十三条　作为被执行人的公民死亡的，以其遗产偿还债务。作为被执行人的法人或者其他组织终止的，由其权利义务承受人履行义务。 | 第二百三十九条　作为被执行人的公民死亡的，以其遗产偿还债务。作为被执行人的法人或者其他组织终止的，由其权利义务承受人履行义务。 |
| 第二百四十四条　执行完毕后，据以执行的判决、裁定和其他法律文书确有错误，被人民法院撤销的，对已被执行的财产，人民法院应当作出裁定，责令取得财产的人返还；拒不返还的，强制执行。 | 第二百四十条　执行完毕后，据以执行的判决、裁定和其他法律文书确有错误，被人民法院撤销的，对已被执行的财产，人民法院应当作出裁定，责令取得财产的人返还；拒不返还的，强制执行。 |
| 第二百四十五条　人民法院制作的调解书的执行，适用本编的规定。 | 第二百四十一条　人民法院制作的调解书的执行，适用本编的规定。 |
| 第二百四十六条　人民检察院有权对民事执行活动实行法律监督。 | 第二百四十二条　人民检察院有权对民事执行活动实行法律监督。 |

| 修正后（2023年9月1日） | 修正前（2021年12月24日） |
|---|---|
| 第二十章　执行的申请和移送 | 第二十章　执行的申请和移送 |
| 　　**第二百四十七条**　发生法律效力的民事判决、裁定，当事人必须履行。一方拒绝履行的，对方当事人可以向人民法院申请执行，也可以由审判员移送执行员执行。<br>　　调解书和其他应当由人民法院执行的法律文书，当事人必须履行。一方拒绝履行的，对方当事人可以向人民法院申请执行。 | 　　**第二百四十三条**　发生法律效力的民事判决、裁定，当事人必须履行。一方拒绝履行的，对方当事人可以向人民法院申请执行，也可以由审判员移送执行员执行。<br>　　调解书和其他应当由人民法院执行的法律文书，当事人必须履行。一方拒绝履行的，对方当事人可以向人民法院申请执行。 |
| 　　**第二百四十八条**　对依法设立的仲裁机构的裁决，一方当事人不履行的，对方当事人可以向有管辖权的人民法院申请执行。受申请的人民法院应当执行。<br>　　被申请人提出证据证明仲裁裁决有下列情形之一的，经人民法院组成合议庭审查核实，裁定不予执行：<br>　　（一）当事人在合同中没有订有仲裁条款或者事后没有达成书面仲裁协议的；<br>　　（二）裁决的事项不属于仲裁协议的范围或者仲裁机构无权仲裁的；<br>　　（三）仲裁庭的组成或者仲裁的程序违反法定程序的；<br>　　（四）裁决所根据的证据是伪造的；<br>　　（五）对方当事人向仲裁机构隐瞒了足以影响公正裁决的证据的；<br>　　（六）仲裁员在仲裁该案时有贪污受贿，徇私舞弊，枉法裁决行为的。 | 　　**第二百四十四条**　对依法设立的仲裁机构的裁决，一方当事人不履行的，对方当事人可以向有管辖权的人民法院申请执行。受申请的人民法院应当执行。<br>　　被申请人提出证据证明仲裁裁决有下列情形之一的，经人民法院组成合议庭审查核实，裁定不予执行：<br>　　（一）当事人在合同中没有订有仲裁条款或者事后没有达成书面仲裁协议的；<br>　　（二）裁决的事项不属于仲裁协议的范围或者仲裁机构无权仲裁的；<br>　　（三）仲裁庭的组成或者仲裁的程序违反法定程序的；<br>　　（四）裁决所根据的证据是伪造的；<br>　　（五）对方当事人向仲裁机构隐瞒了足以影响公正裁决的证据的；<br>　　（六）仲裁员在仲裁该案时有贪污受贿，徇私舞弊，枉法裁决行为的。 |

| 修正后（2023年9月1日） | 修正前（2021年12月24日） |
|---|---|
| 　　人民法院认定执行该裁决违背社会公共利益的，裁定不予执行。<br>　　裁定书应当送达双方当事人和仲裁机构。<br>　　仲裁裁决被人民法院裁定不予执行的，当事人可以根据双方达成的书面仲裁协议重新申请仲裁，也可以向人民法院起诉。 | 　　人民法院认定执行该裁决违背社会公共利益的，裁定不予执行。<br>　　裁定书应当送达双方当事人和仲裁机构。<br>　　仲裁裁决被人民法院裁定不予执行的，当事人可以根据双方达成的书面仲裁协议重新申请仲裁，也可以向人民法院起诉。 |
| 　　第二百四十九条　对公证机关依法赋予强制执行效力的债权文书，一方当事人不履行的，对方当事人可以向有管辖权的人民法院申请执行，受申请的人民法院应当执行。<br>　　公证债权文书确有错误的，人民法院裁定不予执行，并将裁定书送达双方当事人和公证机关。 | 　　第二百四十五条　对公证机关依法赋予强制执行效力的债权文书，一方当事人不履行的，对方当事人可以向有管辖权的人民法院申请执行，受申请的人民法院应当执行。<br>　　公证债权文书确有错误的，人民法院裁定不予执行，并将裁定书送达双方当事人和公证机关。 |
| 　　第二百五十条　申请执行的期间为二年。申请执行时效的中止、中断，适用法律有关诉讼时效中止、中断的规定。<br>　　前款规定的期间，从法律文书规定履行期间的最后一日起计算；法律文书规定分期履行的，从最后一期履行期限届满之日起计算；法律文书未规定履行期间的，从法律文书生效之日起计算。 | 　　第二百四十六条　申请执行的期间为二年。申请执行时效的中止、中断，适用法律有关诉讼时效中止、中断的规定。<br>　　前款规定的期间，从法律文书规定履行期间的最后一日起计算；法律文书规定分期履行的，从最后一期履行期限届满之日起计算；法律文书未规定履行期间的，从法律文书生效之日起计算。 |
| 　　第二百五十一条　执行员接到申请执行书或者移交执行书，应当向被执行人发出执行通知，并可以立即采取强制执行措施。 | 　　第二百四十七条　执行员接到申请执行书或者移交执行书，应当向被执行人发出执行通知，并可以立即采取强制执行措施。 |

| 修正后（2023年9月1日） | 修正前（2021年12月24日） |
|---|---|
| 第二十一章　执行措施 | 第二十一章　执行措施 |
| 　　第二百五十二条　被执行人未按执行通知履行法律文书确定的义务，应当报告当前以及收到执行通知之日前一年的财产情况。被执行人拒绝报告或者虚假报告的，人民法院可以根据情节轻重对被执行人或者其法定代理人、有关单位的主要负责人或者直接责任人员予以罚款、拘留。 | 　　第二百四十八条　被执行人未按执行通知履行法律文书确定的义务，应当报告当前以及收到执行通知之日前一年的财产情况。被执行人拒绝报告或者虚假报告的，人民法院可以根据情节轻重对被执行人或者其法定代理人、有关单位的主要负责人或者直接责任人员予以罚款、拘留。 |
| 　　第二百五十三条　被执行人未按执行通知履行法律文书确定的义务，人民法院有权向有关单位查询被执行人的存款、债券、股票、基金份额等财产情况。人民法院有权根据不同情形扣押、冻结、划拨、变价被执行人的财产。人民法院查询、扣押、冻结、划拨、变价的财产不得超出被执行人应当履行义务的范围。<br>　　人民法院决定扣押、冻结、划拨、变价财产，应当作出裁定，并发出协助执行通知书，有关单位必须办理。 | 　　第二百四十九条　被执行人未按执行通知履行法律文书确定的义务，人民法院有权向有关单位查询被执行人的存款、债券、股票、基金份额等财产情况。人民法院有权根据不同情形扣押、冻结、划拨、变价被执行人的财产。人民法院查询、扣押、冻结、划拨、变价的财产不得超出被执行人应当履行义务的范围。<br>　　人民法院决定扣押、冻结、划拨、变价财产，应当作出裁定，并发出协助执行通知书，有关单位必须办理。 |
| 　　第二百五十四条　被执行人未按执行通知履行法律文书确定的义务，人民法院有权扣留、提取被执行人应当履行义务部分的收入。但应当保留被执行人及其所扶养家属的生活必需费用。<br>　　人民法院扣留、提取收入时，应当作出裁定，并发出协助执行通知书，被执行人所在单位、银行、信用合作社和其他有储蓄业务的单位必须办理。 | 　　第二百五十条　被执行人未按执行通知履行法律文书确定的义务，人民法院有权扣留、提取被执行人应当履行义务部分的收入。但应当保留被执行人及其所扶养家属的生活必需费用。<br>　　人民法院扣留、提取收入时，应当作出裁定，并发出协助执行通知书，被执行人所在单位、银行、信用合作社和其他有储蓄业务的单位必须办理。 |

| 修正后（2023年9月1日） | 修正前（2021年12月24日） |
|---|---|
| 第二百五十五条 被执行人未按执行通知履行法律文书确定的义务，人民法院有权查封、扣押、冻结、拍卖、变卖被执行人应当履行义务部分的财产。但应当保留被执行人及其所扶养家属的生活必需品。<br>采取前款措施，人民法院应当作出裁定。 | 第二百五十一条 被执行人未按执行通知履行法律文书确定的义务，人民法院有权查封、扣押、冻结、拍卖、变卖被执行人应当履行义务部分的财产。但应当保留被执行人及其所扶养家属的生活必需品。<br>采取前款措施，人民法院应当作出裁定。 |
| 第二百五十六条 人民法院查封、扣押财产时，被执行人是公民的，应当通知被执行人或者他的成年家属到场；被执行人是法人或者其他组织的，应当通知其法定代表人或者主要负责人到场。拒不到场的，不影响执行。被执行人是公民的，其工作单位或者财产所在地的基层组织应当派人参加。<br>对被查封、扣押的财产，执行员必须造具清单，由在场人签名或者盖章后，交被执行人一份。被执行人是公民的，也可以交他的成年家属一份。 | 第二百五十二条 人民法院查封、扣押财产时，被执行人是公民的，应当通知被执行人或者他的成年家属到场；被执行人是法人或者其他组织的，应当通知其法定代表人或者主要负责人到场。拒不到场的，不影响执行。被执行人是公民的，其工作单位或者财产所在地的基层组织应当派人参加。<br>对被查封、扣押的财产，执行员必须造具清单，由在场人签名或者盖章后，交被执行人一份。被执行人是公民的，也可以交他的成年家属一份。 |
| 第二百五十七条 被查封的财产，执行员可以指定被执行人负责保管。因被执行人的过错造成的损失，由被执行人承担。 | 第二百五十三条 被查封的财产，执行员可以指定被执行人负责保管。因被执行人的过错造成的损失，由被执行人承担。 |
| 第二百五十八条 财产被查封、扣押后，执行员应当责令被执行人在指定期间履行法律文书确定的义务。被执行人逾期不履行的，人民法院应当拍卖被查封、扣押的财产；不适于拍卖或者当事人双方同意不 | 第二百五十四条 财产被查封、扣押后，执行员应当责令被执行人在指定期间履行法律文书确定的义务。被执行人逾期不履行的，人民法院应当拍卖被查封、扣押的财产；不适于拍卖或者当事人双方同意不 |

| 修正后（2023年9月1日） | 修正前（2021年12月24日） |
|---|---|
| 进行拍卖的，人民法院可以委托有关单位变卖或者自行变卖。国家禁止自由买卖的物品，交有关单位按照国家规定的价格收购。 | 进行拍卖的，人民法院可以委托有关单位变卖或者自行变卖。国家禁止自由买卖的物品，交有关单位按照国家规定的价格收购。 |
| 第二百五十九条 被执行人不履行法律文书确定的义务，并隐匿财产的，人民法院有权发出搜查令，对被执行人及其住所或者财产隐匿地进行搜查。<br>采取前款措施，由院长签发搜查令。 | 第二百五十五条 被执行人不履行法律文书确定的义务，并隐匿财产的，人民法院有权发出搜查令，对被执行人及其住所或者财产隐匿地进行搜查。<br>采取前款措施，由院长签发搜查令。 |
| 第二百六十条 法律文书指定交付的财物或者票证，由执行员传唤双方当事人当面交付，或者由执行员转交，并由被交付人签收。<br>有关单位持有该项财物或者票证的，应当根据人民法院的协助执行通知书转交，并由被交付人签收。<br>有关公民持有该项财物或者票证的，人民法院通知其交出。拒不交出的，强制执行。 | 第二百五十六条 法律文书指定交付的财物或者票证，由执行员传唤双方当事人当面交付，或者由执行员转交，并由被交付人签收。<br>有关单位持有该项财物或者票证的，应当根据人民法院的协助执行通知书转交，并由被交付人签收。<br>有关公民持有该项财物或者票证的，人民法院通知其交出。拒不交出的，强制执行。 |
| 第二百六十一条 强制迁出房屋或者强制退出土地，由院长签发公告，责令被执行人在指定期间履行。被执行人逾期不履行的，由执行员强制执行。<br>强制执行时，被执行人是公民的，应当通知被执行人或者他的成年家属到场；被执行人是法人或者其他组织的，应当通知其法定代表人或者主要负责人到场。拒不到场的，不影响执行。被执行人是公民的， | 第二百五十七条 强制迁出房屋或者强制退出土地，由院长签发公告，责令被执行人在指定期间履行。被执行人逾期不履行的，由执行员强制执行。<br>强制执行时，被执行人是公民的，应当通知被执行人或者他的成年家属到场；被执行人是法人或者其他组织的，应当通知其法定代表人或者主要负责人到场。拒不到场的，不影响执行。被执行人是公民的， |

| 修正后（2023年9月1日） | 修正前（2021年12月24日） |
|---|---|
| 其工作单位或者房屋、土地所在地的基层组织应当派人参加。执行员应当将强制执行情况记入笔录，由在场人签名或者盖章。<br><br>强制迁出房屋被搬出的财物，由人民法院派人运至指定处所，交给被执行人。被执行人是公民的，也可以交给他的成年家属。因拒绝接收而造成的损失，由被执行人承担。 | 其工作单位或者房屋、土地所在地的基层组织应当派人参加。执行员应当将强制执行情况记入笔录，由在场人签名或者盖章。<br><br>强制迁出房屋被搬出的财物，由人民法院派人运至指定处所，交给被执行人。被执行人是公民的，也可以交给他的成年家属。因拒绝接收而造成的损失，由被执行人承担。 |
| 第二百六十二条　在执行中，需要办理有关财产权证照转移手续的，人民法院可以向有关单位发出协助执行通知书，有关单位必须办理。 | 第二百五十八条　在执行中，需要办理有关财产权证照转移手续的，人民法院可以向有关单位发出协助执行通知书，有关单位必须办理。 |
| 第二百六十三条　对判决、裁定和其他法律文书指定的行为，被执行人未按执行通知履行的，人民法院可以强制执行或者委托有关单位或者其他人完成，费用由被执行人承担。 | 第二百五十九条　对判决、裁定和其他法律文书指定的行为，被执行人未按执行通知履行的，人民法院可以强制执行或者委托有关单位或者其他人完成，费用由被执行人承担。 |
| 第二百六十四条　被执行人未按判决、裁定和其他法律文书指定的期间履行给付金钱义务的，应当加倍支付迟延履行期间的债务利息。被执行人未按判决、裁定和其他法律文书指定的期间履行其他义务的，应当支付迟延履行金。 | 第二百六十条　被执行人未按判决、裁定和其他法律文书指定的期间履行给付金钱义务的，应当加倍支付迟延履行期间的债务利息。被执行人未按判决、裁定和其他法律文书指定的期间履行其他义务的，应当支付迟延履行金。 |
| 第二百六十五条　人民法院采取本法<u>第二百五十三条、第二百五十四条、第二百五十五条</u>规定的执行措施后，被执行人仍不能偿还债务的，应当继续履行义务。债权人发现被执行人有其他财产的，可以随时请求人民法院执行。 | 第二百六十一条　人民法院采取本法<u>第二百四十九条、第二百五十条、第二百五十一条</u>规定的执行措施后，被执行人仍不能偿还债务的，应当继续履行义务。债权人发现被执行人有其他财产的，可以随时请求人民法院执行。 |

| 修正后（2023年9月1日） | 修正前（2021年12月24日） |
|---|---|
| 第二百六十六条　被执行人不履行法律文书确定的义务的，人民法院可以对其采取或者通知有关单位协助采取限制出境，在征信系统记录、通过媒体公布不履行义务信息以及法律规定的其他措施。 | 第二百六十二条　被执行人不履行法律文书确定的义务的，人民法院可以对其采取或者通知有关单位协助采取限制出境，在征信系统记录、通过媒体公布不履行义务信息以及法律规定的其他措施。 |
| 第二十二章　执行中止和终结 | 第二十二章　执行中止和终结 |
| 第二百六十七条　有下列情形之一的，人民法院应当裁定中止执行：<br>（一）申请人表示可以延期执行的；<br>（二）案外人对执行标的提出确有理由的异议的；<br>（三）作为一方当事人的公民死亡，需要等待继承人继承权利或者承担义务的；<br>（四）作为一方当事人的法人或者其他组织终止，尚未确定权利义务承受人的；<br>（五）人民法院认为应当中止执行的其他情形。<br>中止的情形消失后，恢复执行。 | 第二百六十三条　有下列情形之一的，人民法院应当裁定中止执行：<br>（一）申请人表示可以延期执行的；<br>（二）案外人对执行标的提出确有理由的异议的；<br>（三）作为一方当事人的公民死亡，需要等待继承人继承权利或者承担义务的；<br>（四）作为一方当事人的法人或者其他组织终止，尚未确定权利义务承受人的；<br>（五）人民法院认为应当中止执行的其他情形。<br>中止的情形消失后，恢复执行。 |
| 第二百六十八条　有下列情形之一的，人民法院裁定终结执行：<br>（一）申请人撤销申请的；<br>（二）据以执行的法律文书被撤销的；<br>（三）作为被执行人的公民死亡，无遗产可供执行，又无义务承担人的；<br>（四）追索赡养费、扶养费、抚养费案件的权利人死亡的； | 第二百六十四条　有下列情形之一的，人民法院裁定终结执行：<br>（一）申请人撤销申请的；<br>（二）据以执行的法律文书被撤销的；<br>（三）作为被执行人的公民死亡，无遗产可供执行，又无义务承担人的；<br>（四）追索赡养费、扶养费、抚养费案件的权利人死亡的； |

| 修正后（2023年9月1日） | 修正前（2021年12月24日） |
|---|---|
| （五）作为被执行人的公民因生活困难无力偿还借款，无收入来源，又丧失劳动能力的；<br>（六）人民法院认为应当终结执行的其他情形。 | （五）作为被执行人的公民因生活困难无力偿还借款，无收入来源，又丧失劳动能力的；<br>（六）人民法院认为应当终结执行的其他情形。 |
| 第二百六十九条 中止和终结执行的裁定，送达当事人后即生效。 | 第二百六十五条 中止和终结执行的裁定，送达当事人后即生效。 |
| 第四编 涉外民事诉讼程序的特别规定 | 第四编 涉外民事诉讼程序的特别规定 |
| 第二十三章 一般原则 | 第二十三章 一般原则 |
| 第二百七十条 在中华人民共和国领域内进行涉外民事诉讼，适用本编规定。本编没有规定的，适用本法其他有关规定。 | 第二百六十六条 在中华人民共和国领域内进行涉外民事诉讼，适用本编规定。本编没有规定的，适用本法其他有关规定。 |
| 第二百七十一条 中华人民共和国缔结或者参加的国际条约同本法有不同规定的，适用该国际条约的规定，但中华人民共和国声明保留的条款除外。 | 第二百六十七条 中华人民共和国缔结或者参加的国际条约同本法有不同规定的，适用该国际条约的规定，但中华人民共和国声明保留的条款除外。 |
| 第二百七十二条 对享有外交特权与豁免的外国人、外国组织或者国际组织提起的民事诉讼，应当依照中华人民共和国有关法律和中华人民共和国缔结或者参加的国际条约的规定办理。 | 第二百六十八条 对享有外交特权与豁免的外国人、外国组织或者国际组织提起的民事诉讼，应当依照中华人民共和国有关法律和中华人民共和国缔结或者参加的国际条约的规定办理。 |
| 第二百七十三条 人民法院审理涉外民事案件，应当使用中华人民共和国通用的语言、文字。当事人要求提供翻译的，可以提供，费用由当事人承担。 | 第二百六十九条 人民法院审理涉外民事案件，应当使用中华人民共和国通用的语言、文字。当事人要求提供翻译的，可以提供，费用由当事人承担。 |

| 修正后（2023年9月1日） | 修正前（2021年12月24日） |
|---|---|
| 第二百七十四条 外国人、无国籍人、外国企业和组织在人民法院起诉、应诉，需要委托律师代理诉讼的，必须委托中华人民共和国的律师。 | 第二百七十条 外国人、无国籍人、外国企业和组织在人民法院起诉、应诉，需要委托律师代理诉讼的，必须委托中华人民共和国的律师。 |
| 第二百七十五条 在中华人民共和国领域内没有住所的外国人、无国籍人、外国企业和组织委托中华人民共和国律师或者其他人代理诉讼，从中华人民共和国领域外寄交或者托交的授权委托书，应当经所在国公证机关证明，并经中华人民共和国驻该国使领馆认证，或者履行中华人民共和国与该所在国订立的有关条约中规定的证明手续后，才具有效力。 | 第二百七十一条 在中华人民共和国领域内没有住所的外国人、无国籍人、外国企业和组织委托中华人民共和国律师或者其他人代理诉讼，从中华人民共和国领域外寄交或者托交的授权委托书，应当经所在国公证机关证明，并经中华人民共和国驻该国使领馆认证，或者履行中华人民共和国与该所在国订立的有关条约中规定的证明手续后，才具有效力。 |
| 第二十四章 管 辖 | 第二十四章 管 辖 |
| 第二百七十六条 因涉外民事纠纷，对在中华人民共和国领域内没有住所的被告提起除身份关系以外的诉讼，如果合同签订地、合同履行地、诉讼标的物所在地、可供扣押财产所在地、侵权行为地、代表机构住所地位于中华人民共和国领域内的，可以由合同签订地、合同履行地、诉讼标的物所在地、可供扣押财产所在地、侵权行为地、代表机构住所地人民法院管辖。<br>除前款规定外，涉外民事纠纷与中华人民共和国存在其他适当联系的，可以由人民法院管辖。 | 第二百七十二条 因合同纠纷或者其他财产权益纠纷，对在中华人民共和国领域内没有住所的被告提起的诉讼，如果合同在中华人民共和国领域内签订或者履行，或者诉讼标的物在中华人民共和国领域内，或者被告在中华人民共和国领域内有可供扣押的财产，或者被告在中华人民共和国领域内设有代表机构，可以由合同签订地、合同履行地、诉讼标的物所在地、可供扣押财产所在地、侵权行为地或者代表机构住所地人民法院管辖。 |

| 修正后（2023年9月1日） | 修正前（2021年12月24日） |
|---|---|
| 第二百七十七条 涉外民事纠纷的当事人书面协议选择人民法院管辖的，可以由人民法院管辖。 | |
| 第二百七十八条 当事人未提出管辖异议，并应诉答辩或者提出反诉的，视为人民法院有管辖权。 | |
| 第二百七十九条 下列民事案件，由人民法院专属管辖：<br>（一）因在中华人民共和国领域内设立的法人或者其他组织的设立、解散、清算，以及该法人或者其他组织作出的决议的效力等纠纷提起的诉讼；<br>（二）因与在中华人民共和国领域内审查授予的知识产权的有效性有关的纠纷提起的诉讼；<br>（三）因在中华人民共和国领域内履行中外合资经营企业合同、中外合作经营企业合同、中外合作勘探开发自然资源合同发生纠纷提起的诉讼。 | 第二百七十三条 因在中华人民共和国履行中外合资经营企业合同、中外合作经营企业合同、中外合作勘探开发自然资源合同发生纠纷提起的诉讼，~~由中华人民共和国人民法院管辖~~。 |
| 第二百八十条 当事人之间的同一纠纷，一方当事人向外国法院起诉，另一方当事人向人民法院起诉，或者一方当事人既向外国法院起诉，又向人民法院起诉，人民法院依照本法有管辖权的，可以受理。当事人订立排他性管辖协议选择外国法院管辖且不违反本法对专属管辖的规定，不涉及中华人民共和国主权、安全或者社会公共利益的，人民法院可以裁定不予受理；已经受理的，裁定驳回起诉。 | |

217

| 修正后（2023年9月1日） | 修正前（2021年12月24日） |
|---|---|
| 第二百八十一条 人民法院依据前条规定受理案件后，当事人以外国法院已经先于人民法院受理为由，书面申请人民法院中止诉讼的，人民法院可以裁定中止诉讼，但是存在下列情形之一的除外：<br>（一）当事人协议选择人民法院管辖，或者纠纷属于人民法院专属管辖；<br>（二）由人民法院审理明显更为方便。<br>外国法院未采取必要措施审理案件，或者未在合理期限内审结的，依当事人的书面申请，人民法院应当恢复诉讼。<br>外国法院作出的发生法律效力的判决、裁定，已经被人民法院全部或者部分承认，当事人对已经获得承认的部分又向人民法院起诉的，裁定不予受理；已经受理的，裁定驳回起诉。 | |
| 第二百八十二条 人民法院受理的涉外民事案件，被告提出管辖异议，且同时有下列情形的，可以裁定驳回起诉，告知原告向更为方便的外国法院提起诉讼：<br>（一）案件争议的基本事实不是发生在中华人民共和国领域内，人民法院审理案件和当事人参加诉讼均明显不方便；<br>（二）当事人之间不存在选择人民法院管辖的协议；<br>（三）案件不属于人民法院专属管辖； | |

| 修正后（2023年9月1日） | 修正前（2021年12月24日） |
|---|---|
| （四）案件不涉及中华人民共和国主权、安全或者社会公共利益；<br>（五）外国法院审理案件更为方便。<br>　　裁定驳回起诉后，外国法院对纠纷拒绝行使管辖权，或者未采取必要措施审理案件，或者未在合理期限内审结，当事人又向人民法院起诉的，人民法院应当受理。 | |
| 第二十五章　送达、**调查取证**、期间 | 第二十五章　送达、期间 |
| 　　**第二百八十三条**　人民法院对在中华人民共和国领域内没有住所的当事人送达诉讼文书，可以采用下列方式：<br>　　（一）依照受送达人所在国与中华人民共和国缔结或者共同参加的国际条约中规定的方式送达；<br>　　（二）通过外交途径送达；<br>　　（三）对具有中华人民共和国国籍的受送达人，可以委托中华人民共和国驻受送达人所在国的使领馆代为送达；<br>　　（四）向受送达人**在本案中委**托的诉讼代理人送达；<br>　　（五）向受送达人在中华人民共和国领域内设立的**独资企业**、代表机构、分支机构或者有权接受送达的业务代办人送达；<br>　　（六）受送达人为外国人、无国籍人，其在中华人民共和国领域内设立的法人或者其他组织担任法定代表人或者主要负责人，且与该法人或者其他组织为共同被告的，向 | 　　**第二百七十四条**　人民法院对在中华人民共和国领域内没有住所的当事人送达诉讼文书，可以采用下列方式：<br>　　（一）依照受送达人所在国与中华人民共和国缔结或者共同参加的国际条约中规定的方式送达；<br>　　（二）通过外交途径送达；<br>　　（三）对具有中华人民共和国国籍的受送达人，可以委托中华人民共和国驻受送达人所在国的使领馆代为送达；<br>　　（四）向受送达人委托的~~有权代其接受送达的~~诉讼代理人送达；<br>　　（五）向受送达人在中华人民共和国领域内设立的代表机构或者有权接受送达的分支机构、业务代办人送达；<br>　　（六）受送达人所在国的法律允许邮寄送达的，可以邮寄送达，自邮寄之日起满三个月，送达回证没有退回，但根据各种情况足以认定已经送达的，期间届满之日视为送达； |

| 修正后（2023年9月1日） | 修正前（2021年12月24日） |
|---|---|
| 该法人或者其他组织送达；<br>（七）受送达人为外国法人或者其他组织，其法定代表人或者主要负责人在中华人民共和国领域内的，向其法定代表人或者主要负责人送达；<br>（八）受送达人所在国的法律允许邮寄送达的，可以邮寄送达，自邮寄之日起满三个月，送达回证没有退回，但根据各种情况足以认定已经送达的，期间届满之日视为送达；<br>（九）采用能够确认受送达人收悉的电子方式送达，但是受送达人所在国法律禁止的除外；<br>（十）以受送达人同意的其他方式送达，但是受送达人所在国法律禁止的除外。<br>不能用上述方式送达的，公告送达，自发出公告之日起，经过六十日，即视为送达。 | （七）采用传真、电子邮件等能够确认受送达人收悉的方式送达；<br>（八）不能用上述方式送达的，公告送达，自公告之日起满三个月，即视为送达。 |
| 第二百八十四条　当事人申请人民法院调查收集的证据位于中华人民共和国领域外，人民法院可以依照证据所在国与中华人民共和国缔结或者共同参加的国际条约中规定的方式，或者通过外交途径调查收集。<br>在所在国法律不禁止的情况下，人民法院可以采用下列方式调查收集：<br>（一）对具有中华人民共和国国籍的当事人、证人，可以委托中华人民共和国驻当事人、证人所在国的使领馆代为取证； | |

| 修正后（2023年9月1日） | 修正前（2021年12月24日） |
|---|---|
| （二）经双方当事人同意，通过即时通讯工具取证；<br>（三）以双方当事人同意的其他方式取证。 | |
| 第二百八十五条 被告在中华人民共和国领域内没有住所的，人民法院应当将起诉状副本送达被告，并通知被告在收到起诉状副本后三十日内提出答辩状。被告申请延期的，是否准许，由人民法院决定。 | 第二百七十五条 被告在中华人民共和国领域内没有住所的，人民法院应当将起诉状副本送达被告，并通知被告在收到起诉状副本后三十日内提出答辩状。被告申请延期的，是否准许，由人民法院决定。 |
| 第二百八十六条 在中华人民共和国领域内没有住所的当事人，不服第一审人民法院判决、裁定的，有权在判决书、裁定书送达之日起三十日内提起上诉。被上诉人在收到上诉状副本后，应当在三十日内提出答辩状。当事人不能在法定期间提起上诉或者提出答辩状，申请延期的，是否准许，由人民法院决定。 | 第二百七十六条 在中华人民共和国领域内没有住所的当事人，不服第一审人民法院判决、裁定的，有权在判决书、裁定书送达之日起三十日内提起上诉。被上诉人在收到上诉状副本后，应当在三十日内提出答辩状。当事人不能在法定期间提起上诉或者提出答辩状，申请延期的，是否准许，由人民法院决定。 |
| 第二百八十七条 人民法院审理涉外民事案件的期间，不受本法第一百五十二条、第一百八十三条规定的限制。 | 第二百七十七条 人民法院审理涉外民事案件的期间，不受本法第一百五十二条、第一百八十三条规定的限制。 |
| 第二十六章 仲 裁 | 第二十六章 仲 裁 |
| 第二百八十八条 涉外经济贸易、运输和海事中发生的纠纷，当事人在合同中订有仲裁条款或者事后达成书面仲裁协议，提交中华人民共和国涉外仲裁机构或者其他仲裁机构仲裁的，当事人不得向人民法院起诉。 | 第二百七十八条 涉外经济贸易、运输和海事中发生的纠纷，当事人在合同中订有仲裁条款或者事后达成书面仲裁协议，提交中华人民共和国涉外仲裁机构或者其他仲裁机构仲裁的，当事人不得向人民法院起诉。 |

| 修正后（2023年9月1日） | 修正前（2021年12月24日） |
|---|---|
| 当事人在合同中没有订有仲裁条款或者事后没有达成书面仲裁协议的，可以向人民法院起诉。 | 当事人在合同中没有订有仲裁条款或者事后没有达成书面仲裁协议的，可以向人民法院起诉。 |
| 第二百八十九条 当事人申请采取保全的，中华人民共和国的涉外仲裁机构应当将当事人的申请，提交被申请人住所地或者财产所在地的中级人民法院裁定。 | 第二百七十九条 当事人申请采取保全的，中华人民共和国的涉外仲裁机构应当将当事人的申请，提交被申请人住所地或者财产所在地的中级人民法院裁定。 |
| 第二百九十条 经中华人民共和国涉外仲裁机构裁决的，当事人不得向人民法院起诉。一方当事人不履行仲裁裁决的，对方当事人可以向被申请人住所地或者财产所在地的中级人民法院申请执行。 | 第二百八十条 经中华人民共和国涉外仲裁机构裁决的，当事人不得向人民法院起诉。一方当事人不履行仲裁裁决的，对方当事人可以向被申请人住所地或者财产所在地的中级人民法院申请执行。 |
| 第二百九十一条 对中华人民共和国涉外仲裁机构作出的裁决，被申请人提出证据证明仲裁裁决有下列情形之一的，经人民法院组成合议庭审查核实，裁定不予执行：<br>（一）当事人在合同中没有订有仲裁条款或者事后没有达成书面仲裁协议的；<br>（二）被申请人没有得到指定仲裁员或者进行仲裁程序的通知，或者由于其他不属于被申请人负责的原因未能陈述意见的；<br>（三）仲裁庭的组成或者仲裁的程序与仲裁规则不符的；<br>（四）裁决的事项不属于仲裁协议的范围或者仲裁机构无权仲裁的。<br>人民法院认定执行该裁决违背社会公共利益的，裁定不予执行。 | 第二百八十一条 对中华人民共和国涉外仲裁机构作出的裁决，被申请人提出证据证明仲裁裁决有下列情形之一的，经人民法院组成合议庭审查核实，裁定不予执行：<br>（一）当事人在合同中没有订有仲裁条款或者事后没有达成书面仲裁协议的；<br>（二）被申请人没有得到指定仲裁员或者进行仲裁程序的通知，或者由于其他不属于被申请人负责的原因未能陈述意见的；<br>（三）仲裁庭的组成或者仲裁的程序与仲裁规则不符的；<br>（四）裁决的事项不属于仲裁协议的范围或者仲裁机构无权仲裁的。<br>人民法院认定执行该裁决违背社会公共利益的，裁定不予执行。 |

| 修正后（2023年9月1日） | 修正前（2021年12月24日） |
|---|---|
| 第二百九十二条　仲裁裁决被人民法院裁定不予执行的，当事人可以根据双方达成的书面仲裁协议重新申请仲裁，也可以向人民法院起诉。 | 第二百八十二条　仲裁裁决被人民法院裁定不予执行的，当事人可以根据双方达成的书面仲裁协议重新申请仲裁，也可以向人民法院起诉。 |
| 第二十七章　司法协助 | 第二十七章　司法协助 |
| 第二百九十三条　根据中华人民共和国缔结或者参加的国际条约，或者按照互惠原则，人民法院和外国法院可以相互请求，代为送达文书、调查取证以及进行其他诉讼行为。<br>　　外国法院请求协助的事项有损于中华人民共和国的主权、安全或者社会公共利益的，人民法院不予执行。 | 第二百八十三条　根据中华人民共和国缔结或者参加的国际条约，或者按照互惠原则，人民法院和外国法院可以相互请求，代为送达文书、调查取证以及进行其他诉讼行为。<br>　　外国法院请求协助的事项有损于中华人民共和国的主权、安全或者社会公共利益的，人民法院不予执行。 |
| 第二百九十四条　请求和提供司法协助，应当依照中华人民共和国缔结或者参加的国际条约所规定的途径进行；没有条约关系的，通过外交途径进行。<br>　　外国驻中华人民共和国的使领馆可以向该国公民送达文书和调查取证，但不得违反中华人民共和国的法律，并不得采取强制措施。<br>　　除前款规定的情况外，未经中华人民共和国主管机关准许，任何外国机关或者个人不得在中华人民共和国领域内送达文书、调查取证。 | 第二百八十四条　请求和提供司法协助，应当依照中华人民共和国缔结或者参加的国际条约所规定的途径进行；没有条约关系的，通过外交途径进行。<br>　　外国驻中华人民共和国的使领馆可以向该国公民送达文书和调查取证，但不得违反中华人民共和国的法律，并不得采取强制措施。<br>　　除前款规定的情况外，未经中华人民共和国主管机关准许，任何外国机关或者个人不得在中华人民共和国领域内送达文书、调查取证。 |
| 第二百九十五条　外国法院请求人民法院提供司法协助的请求书及其所附文件，应当附有中文译本或者国际条约规定的其他文字文本。 | 第二百八十五条　外国法院请求人民法院提供司法协助的请求书及其所附文件，应当附有中文译本或者国际条约规定的其他文字文本。 |

| 修正后（2023年9月1日） | 修正前（2021年12月24日） |
|---|---|
| 人民法院请求外国法院提供司法协助的请求书及其所附文件，应当附有该国文字译本或者国际条约规定的其他文字文本。 | 人民法院请求外国法院提供司法协助的请求书及其所附文件，应当附有该国文字译本或者国际条约规定的其他文字文本。 |
| <u>第二百九十六条</u> 人民法院提供司法协助，依照中华人民共和国法律规定的程序进行。外国法院请求采用特殊方式的，也可以按照其请求的特殊方式进行，但请求采用的特殊方式不得违反中华人民共和国法律。 | <u>第二百八十六条</u> 人民法院提供司法协助，依照中华人民共和国法律规定的程序进行。外国法院请求采用特殊方式的，也可以按照其请求的特殊方式进行，但请求采用的特殊方式不得违反中华人民共和国法律。 |
| <u>第二百九十七条</u> 人民法院作出的发生法律效力的判决、裁定，如果被执行人或者其财产不在中华人民共和国领域内，当事人请求执行的，可以由当事人直接向有管辖权的外国法院申请承认和执行，也可以由人民法院依照中华人民共和国缔结或者参加的国际条约的规定，或者按照互惠原则，请求外国法院承认和执行。<br><u>在中华人民共和国领域内依法</u>作出的发生法律效力的仲裁裁决，当事人请求执行的，如果被执行人或者其财产不在中华人民共和国领域内，<u>当事人可以直接</u>向有管辖权的外国法院申请承认和执行。 | <u>第二百八十七条</u> 人民法院作出的发生法律效力的判决、裁定，如果被执行人或者其财产不在中华人民共和国领域内，当事人请求执行的，可以由当事人直接向有管辖权的外国法院申请承认和执行，也可以由人民法院依照中华人民共和国缔结或者参加的国际条约的规定，或者按照互惠原则，请求外国法院承认和执行。<br>中华人民共和国涉外仲裁机构作出的发生法律效力的仲裁裁决，当事人请求执行的，如果被执行人或者其财产不在中华人民共和国领域内，<u>应当由当事人</u>直接向有管辖权的外国法院申请承认和执行。 |
| <u>第二百九十八条</u> 外国法院作出的发生法律效力的判决、裁定，需要人民法院承认和执行的，可以由当事人直接向有管辖权的中级人民法院申请承认和执行，也可以由外 | <u>第二百八十八条</u> 外国法院作出的发生法律效力的判决、裁定，需要~~中华人民共和国~~人民法院承认和执行的，可以由当事人直接向~~中华人民共和国~~有管辖权的中级人民法 |

| 修正后（2023年9月1日） | 修正前（2021年12月24日） |
|---|---|
| 国法院依照该国与中华人民共和国缔结或者参加的国际条约的规定，或者按照互惠原则，请求人民法院承认和执行。 | 院申请承认和执行，也可以由外国法院依照该国与中华人民共和国缔结或者参加的国际条约的规定，或者按照互惠原则，请求人民法院承认和执行。 |
| 　　第二百九十九条　人民法院对申请或者请求承认和执行的外国法院作出的发生法律效力的判决、裁定，依照中华人民共和国缔结或者参加的国际条约，或者按照互惠原则进行审查后，认为不违反中华人民共和国法律的基本原则且不损害国家主权、安全、社会公共利益的，裁定承认其效力；需要执行的，发出执行令，依照本法的有关规定执行。 | 　　第二百八十九条　人民法院对申请或者请求承认和执行的外国法院作出的发生法律效力的判决、裁定，依照中华人民共和国缔结或者参加的国际条约，或者按照互惠原则进行审查后，认为不违反中华人民共和国法律的基本原则~~或者国家~~主权、安全、社会公共利益的，裁定承认其效力，需要执行的，发出执行令，依照本法的有关规定执行。~~违反中华人民共和国法律的基本原则或者国家主权、安全、社会公共利益的，不予承认和执行。~~ |
| 　　第三百条　对申请或者请求承认和执行的外国法院作出的发生法律效力的判决、裁定，人民法院经审查，有下列情形之一的，裁定不予承认和执行：<br>　　（一）依据本法第三百零一条的规定，外国法院对案件无管辖权；<br>　　（二）被申请人未得到合法传唤或者虽经合法传唤但未获得合理的陈述、辩论机会，或者无诉讼行为能力的当事人未得到适当代理；<br>　　（三）判决、裁定是通过欺诈方式取得；<br>　　（四）人民法院已对同一纠纷作出判决、裁定，或者已经承认第三 | |

225

| 修正后（2023年9月1日） | 修正前（2021年12月24日） |
|---|---|
| 国法院对同一纠纷作出的判决、裁定；<br>（五）违反中华人民共和国法律的基本原则或者损害国家主权、安全、社会公共利益。 | |
| 第三百零一条　有下列情形之一的，人民法院应当认定该外国法院对案件无管辖权：<br>（一）外国法院依照其法律对案件没有管辖权，或者虽然依照其法律有管辖权但与案件所涉纠纷无适当联系；<br>（二）违反本法对专属管辖的规定；<br>（三）违反当事人排他性选择法院管辖的协议。 | |
| 第三百零二条　当事人向人民法院申请承认和执行外国法院作出的发生法律效力的判决、裁定，该判决、裁定涉及的纠纷与人民法院正在审理的纠纷属于同一纠纷的，人民法院可以裁定中止诉讼。<br>外国法院作出的发生法律效力的判决、裁定不符合本法规定的承认条件的，人民法院裁定不予承认和执行，并恢复已经中止的诉讼；符合本法规定的承认条件的，人民法院裁定承认其效力；需要执行的，发出执行令，依照本法的有关规定执行；对已经中止的诉讼，裁定驳回起诉。 | |

| 修正后（2023年9月1日） | 修正前（2021年12月24日） |
|---|---|
| 第三百零三条 当事人对承认和执行或者不予承认和执行的裁定不服的，可以自裁定送达之日起十日内向上一级人民法院申请复议。 | |
| 第三百零四条 在中华人民共和国领域外作出的发生法律效力的仲裁裁决，需要人民法院承认和执行的，当事人可以直接向被执行人住所地或者其财产所在地的中级人民法院申请。被执行人住所地或者其财产不在中华人民共和国领域内的，当事人可以向申请人住所地或者与裁决的纠纷有适当联系的地点的中级人民法院申请。人民法院应当依照中华人民共和国缔结或者参加的国际条约，或者按照互惠原则办理。 | 第二百九十条 国外仲裁机构的裁决，需要中华人民共和国人民法院承认和执行的，应当由当事人直接向被执行人住所地或者其财产所在地的中级人民法院申请，人民法院应当依照中华人民共和国缔结或者参加的国际条约，或者按照互惠原则办理。 |
| 第三百零五条 涉及外国国家的民事诉讼，适用中华人民共和国有关外国国家豁免的法律规定；有关法律没有规定的，适用本法。 | |
| 第三百零六条 本法自公布之日起施行，《中华人民共和国民事诉讼法（试行）》同时废止。 | 第二百九十一条 本法自公布之日起施行，《中华人民共和国民事诉讼法（试行）》同时废止。 |

## 图书在版编目（CIP）数据

中华人民共和国民事诉讼法修改决定释义／黄薇主编．—北京：中国法制出版社，2023.11
ISBN 978-7-5216-3959-9

Ⅰ.①中… Ⅱ.①黄… Ⅲ.①民事诉讼法-法律解释-中国 Ⅳ.①D925.105

中国国家版本馆 CIP 数据核字（2023）第 210669 号

责任编辑：刘晓霞　　　　　　　　　　　　封面设计：蒋　怡

## 中华人民共和国民事诉讼法修改决定释义
ZHONGHUA RENMIN GONGHEGUO MINSHI SUSONGFA XIUGAI JUEDING SHIYI

主编／黄薇
经销／新华书店
印刷／三河市紫恒印装有限公司
开本／880 毫米×1230 毫米　32 开　　　印张／7.375　字数／174 千
版次／2023 年 11 月第 1 版　　　　　　　2023 年 11 月第 1 次印刷

中国法制出版社出版
书号 ISBN 978-7-5216-3959-9　　　　　　　　　　　定价：35.00 元

北京市西城区西便门西里甲 16 号西便门办公区
邮政编码：100053　　　　　　　　　　　传真：010-63141600
网址：http：//www.zgfzs.com　　　　　　编辑部电话：010-63141664
市场营销部电话：010-63141612　　　　　印务部电话：010-63141606

（如有印装质量问题，请与本社印务部联系。）